O Mundo Oculto

O Mundo Oculto
A Verdade Sobre as Cartas dos Mahatmas

Alfred P. Sinnett

Tradução:
Alf Eyre

EDITORA TEOSÓFICA
Brasília-DF

Título do Original em Inglês
The Occult World

Theosophical Publishing House
Londres – Inglaterra, 9ª edição, 1969

Anexo da 4ª ed. Inglesa, 1884,
conforme ed. fac-similar,
de Kessinger Publishing,
Montana, E.U.A.

Direitos Reservados à
EDITORA TEOSÓFICA, Sociedade Civil
SGAS – Quadra 603 – Conj. E, s/nº,
70.200-630 – Brasília-DF – Brasil
Tel.: (0xx61) 322-7843
Fax: (0xx61) 226-3703
E-mail: st@stb.org.br
Homepage: http://www.stb.org.br/livrar.html

S 615
O Mundo Oculto
A Verdade Sobre as Cartas dos Mahatmas
Alfred P. Sinnett

Brasília, 2000
Assunto: Ocultismo
ISBN 85-85961-30-9

CDD 130

Capa
Marcelo Ramos
Composição/Diagramação
Reginaldo Alves Araújo
Revisão:
Carlos Cardoso Aveline e
Zeneida Cereja da Silva
Tradução do Anexo à Quarta Edição Inglesa
Carlos Cardoso Aveline

Sumário

Prefácio da Edição Brasileira 7
Prefácio da Segunda Edição Inglesa 11
1. Introdução 21
2. O Ocultismo e Seus Adeptos 33
3. A Sociedade Teosófica 45
4. Fenômenos Ocultos Recentes 57
5. Os Ensinamentos da Filosofia Oculta 151
6. Conclusão 167
7. Anexo à Quarta Edição Inglesa 195

Dedicatória

Este livro é afetuosamente dedicado a um ser cuja compreensão da Natureza e da Humanidade vai muito além da ciência e da filosofia européias. Apenas os que possuem uma compreensão mais ampla destas duas áreas de conhecimento poderão compreender a existência, no homem, de poderes como os que ele constantemente exerce. Ao

MAHATMA K. H.,

cuja bondosa amizade deu a este autor direito de produzir este pequeno volume, para cuja publicação foi solicitada e obtida autorização.

A.P. Sinnett

Prefácio da Edição Brasileira

O jornalista inglês Alfred Sinnett (1840-1921) não foi apenas um dos primeiros e principais líderes do movimento teosófico.

Na primeira metade da década de 1880, Sinnett também colaborou diretamente e manteve intensa correspondência com o mestre Koot Hoomi, um dos dois instrutores de Raja Ioga que inspiraram a criação do movimento teosófico em 1875.

O livro *O Mundo Oculto* – resultado palpável desta cooperação entre o mestre e o seu "discípulo leigo" – tem interesse permanente para os leitores de todas as épocas, e surge com segurança como um forte lançamento da Editora Teosófica neste alvorecer do século 21, porque revela em primeira mão como se davam os fenômenos de desmaterialização e materialização de objetos durante a fase pioneira do movimento teosófico. A obra mostra como ocorreu, de fato, o processo excepcional de correspondência com dois Mahatmas que romperam um silêncio de muitos séculos e revelaram pela primeira vez, ao Ocidente, grande parte da filosofia oculta que protege e guia a nossa humanidade. A última carta recebida de um Mahatma data de 1900.

O Mundo Oculto também mostra o dia-a-dia do esforço gigantesco dos fundadores visíveis do movimento teosófico, Helena Blavatsky e Henry Olcott. Com estas páginas o leitor ingressa na intimidade do trabalho da sra. Blavatsky, e vê como ela usava livremente certos poderes ocultos e espirituais que hoje são vistos com mais naturalidade, mas que no mundo inglês da época vitoriana chocavam profundamente as consciências convencionais. Freqüentemente acusada de desonesta e "impostora", por desafiar dogmas e romper tabus, a sra. Blavatsky trabalhava sob fortes tensões. Ela tinha de sintetizar e expressar energias psíquicas e ocultas sempre cambiantes, sutis, mas invariavelmente poderosas, enquanto vivia em um mundo físico, mental e emocional envenenado pelo egoísmo e pela ignorância. Na verdade Helena Blavatsky foi uma "esfinge" e um mistério em seu tempo. Reza uma profecia que só será melhor compreendida no século 21.

Em 1886, não muito tempo depois dos acontecimentos narrados em *O Mundo Oculto*, a sra. Blavatsky foi formalmente acusada de fraude e de má-fé pela Sociedade Para Pesquisa Psíquica, de Londres, em um acontecimento que teve grande repercussão mundial. O fato de que seus livros tinham uma profundidade e uma sabedoria incomparáveis parecia não ter importância para seus acusadores, dispostos a desprezar e ridicularizar o que não compreendiam.

A justiça tarda mas não falha. Cem anos depois da "condenação" da sra. Blavatsky, a própria Sociedade Para Pesquisa Psíquica, após exaustivos exames técnicos do "processo" contra Blavatsky, retirou em 1986 todas as acusações – e inocentou-a definitivamente. Como ocorre com certa freqüência, o desmentido teve, até agora, menos repercussão que a calúnia. Mas, afinal, ficou comprovado que houve fraude, e ela foi armada pelos acusadores de Blavatsky. Foi necessário um século de distância para que a própria entidade envolvida na "condenação" de Blavatsky fizesse publicamente sua autocrítica divulgando o parecer do dr. Vernon Harrison, perito em falsificação de documentos, em seu *Journal*, edição de abril de 1986. Blavatsky era inocente. Desonestos foram seus caluniadores.

Apesar das críticas e ataques pessoais, o interesse por H.P. Blavatsky e pelo ensinamento original das primeiras décadas do movimento teosófico tem crescido em todo o mundo. Uma visão panorâmica e fascinante do trabalho gigantesco da fundadora do movimento teosófico moderno pode ser encontrada hoje no livro *Helena Blavatsky*, de Sylvia Cranston, um dos principais lançamentos da Editora Teosófica nos últimos anos.

A importância perene da obra *O Mundo Oculto*, de Alfred Sinnett, está no fato de que este é um testemunho narrado na primeira pessoa por um dos jornalistas mais conhecidos do mundo inglês da época, um homem respeitado e um teosofista que recebeu a maior parte das Cartas já publicadas dos Mahatmas. Sinnett foi um protagonista central do trabalho pioneiro de estabelecimento de um contato duradouro entre a cultura oriental e a cultura ocidental, que só frutificaria definitivamente na parte final do século 20, quando as filosofias e tradições religiosas orientais alcançaram forte popularidade na Europa e nas Américas. O livro também revela aspectos fundamentais da filosofia esotérica através das palavras diretas dos próprios "Irmãos" ou "Adeptos", os grandes instrutores que completaram há séculos a etapa atual da evolução humana, mas decidiram ficar conosco, trabalhando de modo quase sempre anônimo. Estes grandes seres inspiram silenciosamente os corações e mentes humanos no sentido de perceber a luz espiritual e a lei da fraternidade universal. *O Mundo Oculto* revela – em grande parte – o modo como trabalham estes Mestres, habilitando-nos a compreender mais facilmente de que maneira um cidadão de boa vontade pode encontrar verdadeira inspiração espiritual.

Brasília, julho de 2000.

Os Editores.

Prefácio da Segunda Edição Inglesa

Se eu tivesse tempo de reescrever este livro, agora que já decorreu um ano desde sua publicação, teria de aumentá-lo muitíssimo. Nesse intervalo decorrido aprendi tanto que quase sinto satisfação em pensar que sabia relativamente pouco quando o escrevi. Se houvesse encarado a questão naquela época desde o meu ponto de vista atual, talvez houvesse posto de lado a idéia de executá-la nos poucos e curtos meses de lazer que uma viagem de férias à Inglaterra me permitiu dedicar à sua feitura. O livro porém foi facilmente empreendido quando eu tinha menos coisas a dizer, e logo foi feita uma breve narrativa dos fatos disponíveis um ano atrás.

Torna-se agora necessária uma segunda edição e algumas outras explicações precisam ser preparadas antes de eu permitir que a impressão seja feita. Lamento dizer que tais explicações devem por enquanto ser breves. Desde então regressei aos deveres correntes de uma função muito árdua, e não me é possível no momento tentar escrever, o que espero ser capaz de fazer no futuro, um livro que não apenas chame a atenção do mundo em geral para a existência da maravilhosa sociedade de ocultistas aqui referida como "OS IRMÃOS", mas que apresentará aos leitores ocidentais as linhas mestras do conhecimento que eles possuem sobre a origem, a constituição e o destino do ser humano.

A correspondência que forma o cerne deste volume cresceu bastante nos últimos doze meses, mas tentar a incorporação de novas cartas à coleção seria iniciar uma empreitada inteiramente nova. Devo contentar-me em acrescentar um capítulo final, cujo, motivo estará bem claro, e em dar aos meus leitores a garantia de que ainda que eu pudesse, se outros compromissos o permitissem, aumentar bastante o registro atual em quase todos os seus pontos, ainda assim, tal como ele se apresenta, nada contém que requeira modificação, que seja enganador ou esteja descrito com imprecisão.

Algumas das observações feitas por meus críticos, todavia, merecem atenção. Eu me diverti muito mais do que me aborreci com os sarcasmos dirigidos à minha "credulidade" com relação à narrativa simples que fiz dos fatos e com o desagrado amargo demonstrado por diversos órgãos da ortodoxia diante da idéia de que possa *realmente* haver algo entre o céu e a terra com que a filosofia deles não sonhou – algo real o bastante para não ser apenas comentado por poetas, porém observado em determinados lugares e momentos e descrito em palavras diretas. "Evidentemente sincero", diz um desses críticos, "e tão ingênuo que a hostilidade para com o autor é desarmada pela piedade".

Mas além de deplorar a minha própria inferioridade intelectual, algo que está bem dentro do discernimento de meus críticos para calcularem como bem quiserem, em muitos casos eles se esforçaram por enfraquecer o valor do que apresentei, sugerindo que recebi imposições da sra. Blavatsky. Pois bem, em primeiro lugar, algumas das experiências pelas quais passei desde que este livro foi publicado pela primeira vez foram situadas totalmente fora do alcance da sra. Blavatsky; mas a essas eu me referirei de modo mais completo no capítulo de conclusão. Em segundo lugar, como os amigos da sra. Blavatsky neste país se mostraram aborrecidos com a reiteração de desconfianças insultuosas quanto à idoneidade dela e suas intenções, eles tomaram medidas para esclarecer a real identidade dela e sua posição na sociedade de um modo que deve de uma vez por todas condenar por imbecilidade qualquer pessoa que venha mais uma vez a sugerir ser ela uma aventureira com objetivos de ganho ou vantagem. Que tais medidas não foram tomadas desnecessariamente é algo bastante claro sem precisar citar qualquer jornal da Índia, bastando referências a algumas das críticas feitas a este livro surgidas em Londres. A *St. James's Gazette* (22 de junho de 1881) se refere à sra. Blavatsky como "uma personagem misteriosa, uma dama russa naturalizada nos Estados Unidos, e sua nacionalidade e caráter explicam suficientemente, na opinião de muitos, o interesse geral que ela demonstrou pelo desenvolvimento psicológico do sr. Sinnett". O *Athenaum* diz a respeito dela (27 de agosto de 1881): "Ele", ou seja, quem escreve estas linhas, "parece não ter mais conhecimento do que nós quanto à posição social ou fortuna de que ela desfrutou em seu país natal; e até que isso seja esclarecido, os incrédulos continuarão sugerindo que 'para uma russa de nascimento, embora naturalizada nos Estados Unidos', sem meios visíveis de subsistência, a possibilidade de viver em alojamentos grátis nas casas de funcionários indianos bem-sucedidos poderia ser vantajoso". Muito pior do que isso foi a linguagem empregada pelo *Saturday Review*. Em artigo atacando o movimento teosófico de um modo geral (3 de setembro de 1881), esse jornal na verdade denunciou a sra. Blavatsky e o coronel Olcott, o Presidente da Sociedade Teosófica, como "um casal de aventureiros inescrupulosos" e exprimiu suas dúvidas quanto a saber "se a patente do coronel Olcott foi ganha na guerra da Secessão ou no bar de algum salão de bebidas".

A fim de demonstrar a inocência da sra. Blavatsky (antes de mais nada) em relação a essas expressões grosseiras, escrevi a seu tio, o general Fadeeff, secretário de Estado no Departamento do Interior em São Petersburgo, remetendo uma carta aberta escrita pela sra. Blavatsky a ele, na qual lhe pedia para atestar quem realmente ela era – ela própria. Depois de mostrar as cartas a um cavalheiro no gabinete do vice-rei – pessoa neutra em relação a toda a questão e sem qualquer interesse pelo ocultismo – coloquei-as pessoalmente no correio, e no devido tempo veio a resposta, dirigida, como eu solicitara, na nota que nosso amigo neutro vira, aos cuidados dele. O general Fadeeff enviou o seguinte certificado ou declaração:

"Declaro por este documento que a sra. H. P. Blavatsky, hoje residente em Simla (Índia britânica) é por lado de seu pai filha do coronel Peter Hahn e neta do tenente-general Alexis Hahn von Tottenstern-Hahn (família nobre de Mecklemburgo, Alemanha, estabelecida na Rússia). E que ela é pelo lado materno a filha de Helene Fadeeff e neta do conselheiro André Fadeeff e da princesa Helene Dolgorouki; e também que ela é a viúva do conselheiro de Estado Nicephore Blavatsky, falecido Vice-governador da Província de Erivan, Cáucaso

(Assinado) major-geral ROSTISLAV FADEEFF, do Estado Maior de Sua Majestade Imperial, secretário adjunto de estado no Ministério do Interior.
São Petersburgo, 29, Pequena Morskaya,18 de setembro de 1881".

Recebi também pouco depois uma carta da sra. Fadeeff, irmã do general Fadeeff a quem acabei de mencionar, confirmando enfática e amplamente suas afirmações, anexando alguns retratos da sra. Blavatsky tirados em diversos períodos de sua vida, que eram obviamente retratos da dama que todos conhecemos na Índia. Com relação a essas fotos a sra. Fadeeff escreveu:

"Para tornar bem clara a identidade dela, junto a esta carta incluo duas de suas fotografias, uma tirada há vinte anos atrás em minha presença, a outra enviada da América há cerca de quatro ou cinco anos. Além disso, para que os céticos não formem suspeitas quanto à minha identidade pessoal, tomo a liberdade de devolver sua carta, recebida por intermédio do príncipe Dondoukoff-Korsakoff, governador-geral de Odessa. Espero que esta prova de autenticidade seja inteiramente satisfatória. Acredito além disso que o senhor já terá recebido comprovação da identidade da sra. Blavatsky que o governador-geral decidiu ele próprio enviar a Bombaim".

A alusão feita aqui ao príncipe Dondoukoff-Korsakoff (agora vice-rei do Cáucaso) se explica pelo fato de que enviei minha carta ao general Fadeeff por intermédio dele, sabendo que se tratava de um velho amigo da sra. Blavatsky. Ele próprio enviara a ela cartas que eu vi e que expressavam, além de grande solidariedade e amizade pessoal, amplo (e bem merecido) desdém pelas pessoas que a tendo conhecido pessoalmente, enganavam-se quanto ao seu verdadeiro caráter. Os originais dos dois documentos citados acima estão em francês, mas eu apresento uma tradução precisa. A sra. Fadeeff deu-se ao trabalho de fazer com que sua própria assinatura na carta que me enviou fosse autenticada pelo tabelião da Bolsa de Odessa, cujo timbre está presente no documento.

Não preciso prolongar aqui essa explicação inserindo documentos referentes ao coronel Olcott, já que os mesmos são referidos em uma carta que estou citando em seguida.

Em resposta ao ataque injustificado e sem sentido feito pelo, *Saturday Review,* o sr. A. O. Hume, filho de Joseph Hume, ex-secretário do governo da Índia, escreveu àquele jornal:

"Em relação à patente do coronel Olcott, os jornais impressos que lhe mando por esta mesma mala servirão para provar que esse cavalheiro é um oficial do exército americano que prestou bons serviços durante a guerra (o que será visto nas cartas do juiz advogado-geral do secretário da Marinha e dos secretários assistentes da Guerra e do Tesouro) e que foi suficientemente bem conhecido e estimado em seu próprio país para induzir o Presidente dos Estados Unidos a lhe fornecer uma carta pessoal de apresentação e recomendação a todos os Ministros e Cônsules dos Estados Unidos na ocasião em que partiu da América rumo ao Oriente, ao final do ano de 1878.

Trata-se por certo de homem a quem de modo algum o epíteto 'aventureiro inescrupuloso' se aplica, e posso acrescentar com base em meu próprio conhecimento que não há um cavalheiro de mente mais pura, mais nobre ou mais dedicado que o coronel Olcott. Ele pode estar certo ou errado em sua crença, mas a essa crença ele dedicou sua fortuna, suas energias e o restante de sua vida; e embora eu possa compreender que muitos o tratem como um fanático, confesso que estou surpreso por um jornal da categoria elevada a que pertence o Saturday Review *denunciar tal homem como um 'aventureiro inescrupuloso'.*

No tocante à sra. Blavatsky (na Rússia ainda 'Son Excellence Madame la Générale HELENE P. BLAVATSKY, embora ela tenha abandonado todos os títulos ao se tornar uma cidadã norte-americana naturalizada), trata-se da viúva do general N. V. Blavatsky, governador durante a Guerra da Criméia (e por muitos anos) de Erivan, na Armênia. Trata-se da filha mais velha do falecido coronel Hahn, da Cavalaria Montada Russa e neta da princesa Dolgorouki, do ramo mais velho que desapareceu com ela. A atual princesa Dolgorouki pertence ao ramo mais novo. A condessa Ida v. Hahn-Hahn era prima em primeiro grau do pai da sra. Blavatsky. A mãe de seu pai casou-se, após se tornar viúva, com o príncipe Vassiltchikoff. O general Fadeeff, bem conhecido até dos leitores ingleses, é o irmão mais jovem de sua mãe. Ela é bem conhecida do príncipe Loris Melikoff e de todos que estiveram em seu estado maior ou conviveram com ele quando o príncipe Michael S. Woronzoff foi vice-rei do Cáucaso. O príncipe Emile v. Sayn Wittgenstein, primo da falecida imperatriz da Rússia, era amigo íntimo dela e correspondeu-se com ela até o dia do seu falecimento, como fizera seu irmão Ferdinando, que posteriormente comandou um Regimento (Cossacos da Guarda, acredito) no Turquestão. Não só a tia dela, sra. Witte, que, como o resto da família, se corresponde regularmente com ela, mas na verdade toda a sua família é bem conhecida do príncipe Kondoukoff-Korsakoff, atualmente governador-geral de Odessa.

Eu poderia relacionar os nomes de muitos outros nobres russos que a conhecem bem, pois ela é tão bem conhecida e relacionada na Rússia quanto lady *Hester Stanhope foi na Inglaterra; mas acredito ter dito o bastante para convencer qualquer pessoa imparcial de que ela de modo algum é o tipo de mulher que poderia se mostrar uma 'aventureira inescrupulosa'.*

As senhoras não são de modo geral inclinadas a demonstrar agrado a damas forasteiras; muito comumente se apresenta um ciúme um pouco reprimido, de modo especial contra àquelas que são mais inteligentes do que elas próprias; porém a sra. Blavatsky viveu por meses durante certa ocasião em minha casa e posso afirmar que se trata sem dúvida de uma das mulheres mais inteligentes que conheci, e no entanto todas as senhoras em minha casa aprenderam a amar muito essa mulher enérgica, inquieta, impulsiva e autodeterminada. Qualquer um pode rotulá-la como mística ou visionária, mas ninguém que a conhece pode duvidar de sua fé absoluta na missão pela qual sacrificou a vida.

Afinal de contas, será que se pode com justiça chamar de aventureiras as pessoas que não apenas deixam de ganhar dinheiro pela causa que abraçam, mas que, ao contrário, gastam nessa causa, até o último vintém, tudo de que dispõem? Se não for assim, com certeza o coronel Olcott e a sra. Blavatsky não são aventureiros, pois é de meu pleno conhecimento que gastaram na Sociedade Teosófica mais de 2.000 libras (duas mil libras), mais do que qualquer rendimento que tenham tido. As contas foram devidamente examinadas, publicadas e impressas de modo que qualquer pessoa pode verificá-las.

Alguém perguntará – 'de que se trata essa grande causa?'. É a formação e o desenvolvimento da Sociedade Teosófica, cujos objetivos, publicados em suas regras, são os seguintes:

Primeiro – *formar o núcleo de uma Fraternidade Universal da Humanidade.*

Segundo – *estudar a literatura, religião e ciência arianas.*

Terceiro – *mostrar a importância desse trabalho.*

Quarto – explorar os mistérios ocultos da Natureza e os poderes latentes do Homem.

Pois bem, tais objetivos podem ser considerados utópicos ou visionários, mas a mim parecem bastante honestos e dificilmente seriam o tipo de objetivos que satisfariam aventureiros inescrupulosos.

Existem muitas outras idéias erradas no que tange ao artigo referido e às quais se poderia fazer objeções razoáveis, mas essas são talvez de importância menor. Tudo que desejo esclarecer é que longe de serem 'aventureiros inescrupulosos', o coronel Olcott e a sra. Blavatsky são gente muito incomum, abnegada e de mentes puras que dedicam seu tempo, sua propriedade e suas vidas a uma causa que, mesmo que utópica, não pode receber recriminações e na verdade pode demonstrar que produz (sem dúvida já o demonstrou) muita coisa boa.

Atenciosamente,
A. O. Hume,
Ex-secretário do Governo da Índia"

Por mais gentil e moderada que fosse essa carta, e injustas as acusações que a haviam causado, o *Saturday Review,* para a vergonha dessa publicação, jamais a publicou. É bem verdade que antes da carta ter chegado ao seu destino outras mensagens parecem haver sido enviadas ao *Saturday Review* por alguns amigos do coronel Olcott e um reconhecimento de má vontade fora publicado no jornal de 17 de setembro:

"Recebemos uma carta de um amigo do coronel Olcott, objetando contra algumas críticas feitas ultimamente a esse cavalheiro e à sra. Blavatsky como fundadores da chamada Sociedade Teosófica da Índia. Nossas observações se basearam nos relatos publicados de suas andanças, que nos pareceram ter semelhança suspeita com as dos 'médiuns espíritas' na Europa e na América. Estamos prontos a aceitar a afirmação de nosso correspondente de que o coronel Olcott

ocupou uma posição honrosa em seu próprio país e a acreditar que tanto ele quanto a sra. Blavatsky sejam entusiastas crédulos e não aventureiros inescrupulosos. Quando, todavia, as pessoas promulgam teorias perniciosas e adotam práticas que, sob outro nome, foram legitimamente declaradas ilegais e perniciosas, não devem se surpreender se na ausência de informações privadas quanto à sua biografia, ficam sujeitos a comentários adversos".

Esse parágrafo, cuja publicação prévia justificava que o *Saturday Review* (em sua própria opinião não desse qualquer atenção à carta do Sr. Hume, está por si só cheio de insinuações novas que são destituídas de fundamento e inverídicas, como qualquer leitor deste volume perceberá; mas na Índia, de qualquer modo, foi dada tão grande publicidade aos documentos citados acima, bem como a outros do mesmo tipo, que me parece desnecessário publicá-los novamente nestas páginas; e qualquer que seja a opinião formada por observadores descuidados e que não se dêem ao trabalho de investigar as teses do ocultismo, não há mais qualquer espaço para estas opiniões quanto às vidas imaculadas e à devoção pura dos principais representantes da Sociedade Teosófica.

1. Introdução

Existe ainda uma escola de filosofia com a qual a cultura moderna perdeu contato.

Vislumbres dessa escola são perceptíveis nas filosofias antigas com que todos os homens cultos estão familiarizados, porém tais vislumbres são pouco mais compreensíveis do que fragmentos de uma escultura esquecida – menos ainda, pois compreendemos a forma humana e atribuímos membros imaginários a um torso; mas não podemos dar sentido imaginário às pistas que nos chegam vindas de Platão ou de Pitágoras e que assinalam, para aqueles que conhecem a chave de seu significado, o conhecimento secreto do mundo antigo. Mesmo assim alguns esclarecimentos podem nos capacitar a decifrar tal linguagem, e uma recompensa intelectual muito grande se oferece àqueles dispostos a promover tal investigação.

Isso porque, por estranha que tal afirmação possa parecer à primeira vista, a metafísica moderna e em grande parte a ciência física moderna estiveram tateando no escuro, por séculos seguidos, em busca do conhecimento que a filosofia oculta possuiu plenamente todo o tempo. Devido a uma série de circunstâncias felizes eu cheguei a *saber* que isto é verdade; entrei em contato com pessoas que são herdeiras de grandes conhecimentos sobre os mistérios da Natureza e da humanidade, conhecimento maior do que aquele que a cultura moderna já conseguiu atingir; e o meu desejo é esboçar as linhas centrais desse conhecimento, registrar com exatidão as provas experimentais por mim obtidas de que a ciência oculta dota seus adeptos de um controle de forças naturais superior àquele desfrutado pelos físicos do tipo comum, e das bases que há para conferir a mais respeitosa consideração às teorias sustentadas pela ciência oculta quanto à constituição e aos destinos da alma humana. Está claro que as pessoas nos dias de hoje tardarão a compreender ou acreditar que qualquer conhecimento digno de consideração possa ser encontrado fora do foco brilhante da cultura européia. A ciência moderna obteve grandes resultados pelo método aberto de investigação e se mostra muito impaciente diante da teoria de que as pessoas que tenham chegado ao conhecimento verdadeiro, quer nas ciências ou na metafísica, possam ter decidido ocultar sua luz. Desse modo a tendência tem sido a de imaginar que os filósofos ocultos de antigamente – sacerdotes egípcios, magos caldeus, essênios, gnósticos, neoplatônicos teúrgicos e os demais – que mantinham secreto o seu conhecimento – devem ter adotado essa política para esconder o fato de que sabiam pouquíssimo. O mistério pode ser buscado pelos charlatões que gostam de mistificar. A conclusão é perdoável a partir do ponto de vista moderno, mas deu origem à impressão na mente popular de que os místicos antigos foram na verdade revirados do avesso e assim se descobriu que sabiam pouco. Tal impressão é inteiramente errada. Os homens da ciência em idades passadas trabalhavam em segredo e em vez de divulgar suas descobertas ensinavam-nas em segredo a discípulos cuidadosamente escolhidos. Os motivos para seguirem tal política são facilmente compreensíveis, ainda que os méritos de tal política possam parecer criticáveis. De qualquer modo o ensinamento deles não foi esquecido, e sim transmitido por iniciação secreta a homens de nossa própria época. Embora seus métodos e realizações práticas permaneçam secretos, é possível a qualquer pesquisador paciente e atento desta questão chegar a uma conclusão satisfatória ao descobrir que tais métodos são de eficácia suprema e que tais realizações se mostram muito mais admiráveis que quaisquer outras atribuíveis à ciência moderna.

    Isso porque o sigilo em que tais operações foram envoltas jamais teve o objetivo de negar a ocorrência das mesmas, e só em nossa época é que elas foram esquecidas. Anteriormente, nas grandes cerimônias públicas, os iniciados exibiam os poderes que o conhecimento das leis naturais lhes dava. Supomos descuidadamente que as narrativas de tais demonstrações descrevem atos de mágica; decidimos que não existe coisa tal como a mágica, e por isso as narrativas devem ser falsas e as pessoas a quem elas se referem, impostores. Mas supondo que a mágica de antigamente fosse apenas a ciência dos magos, dos homens de conhecimento, já não existe mágica, no sentido moderno, nessa questão. E supondo que tal ciência – mesmo em tempos antigos – já era produto de longas eras de estudo continuado, tendo seguido em certas direções e chegado muito além do que nossa ciência moderna mais jovem pode alcançar até agora, será razoável concluir que algumas demonstrações relativas a mistérios antigos podem ter sido rigorosamente experiências científicas, embora parecessem a alguns exibições de mágica, e pareceriam exibições de mágica a nós, em nossos dias, se pudessem ser repetidas.

Dentro dessa hipótese, a sagacidade moderna que aplica o conhecimento moderno à questão dos mistérios antigos pode ser apenas uma loucura moderna, que chega a conclusões errôneas partidas da ignorância moderna.

Não existe, porém, necessidade de construir hipóteses nessa questão, pois os fatos são acessíveis se forem buscados de modo correto, e tais fatos são os seguintes: a sabedoria do mundo antigo – ciência e religião combinadas, a física e a metafísica combinadas – era verdadeira e sobrevive ainda em nossos dias. É disso que falaremos nestas páginas como filosofia Oculta. Já se tratava de um sistema completo de conhecimento que havia sido cultivado em segredo e passado adiante aos iniciados durante eras seguidas antes de seus mestres executarem experiências em público a fim de impressionar a mente popular no Egito e na Grécia. Os adeptos do ocultismo nos dias de hoje são capazes de executar experiências semelhantes e exibir resultados que demonstram estarem eles imensamente mais avançados do que a ciência moderna comum na compreensão das forças da Natureza. Além disso, eles herdaram de seus grandes antecessores uma ciência que não lida apenas com a física, mas com a constituição e as capacidades da alma e do espírito humanos. A ciência moderna descobriu a circulação do sangue; a ciência oculta compreende a circulação do princípio vital. A fisiologia moderna lida somente com o corpo; o ocultismo lida também com a alma – não como tema de dramas religiosos vagos, mas como entidade real com propriedades que podem ser examinadas em combinação com as do corpo ou separadas das mesmas.

É principalmente no Oriente que o ocultismo continua vivo – na Índia e em países vizinhos. Foi na Índia que eu o conheci, e este pequeno volume é escrito a fim de descrever as experiências de que desfrutei e distribuir o conhecimento que ali adquiri.

Meu relato dos acontecimentos deve ser antecedido por algumas explicações gerais para que não fique ininteligível. A idéia do ocultismo praticado em todas as épocas deve ser mantida presente a fim de explicar a magnitude de sua organização e a descoberta espantosa de que os orientais isolados podem saber mais sobre a eletricidade do que Faraday e mais de física que Tyndall. A cultura da Europa foi desenvolvida pelos europeus para si próprios nos últimos cem anos. A cultura dos ocultistas é produto de vastos períodos muito anteriores a esse, quando a civilização habitava o Oriente. Durante uma trajetória que levou o ocultismo (no domínio da ciência física) muito além do ponto que atingimos, essa ciência física foi apenas um objeto de importância secundária para o ocultismo. Sua energia maior foi devotada à indagação metafísica e às faculdades psicológicas latentes no homem, faculdades essas que em seu desenvolvimento capacitam o ocultista a obter conhecimento experimental real do estado da alma na existência extracorpórea. Existe portanto algo mais do que um simples interesse arqueológico na identificação do sistema oculto com as doutrinas das organizações iniciáticas de todas as épocas da história mundial, e por essa identificação chegamos à chave da filosofia do desenvolvimento religioso. O ocultismo não é apenas uma descoberta isolada que mostra que a humanidade possui certos poderes sobre a Natureza que o estudo mais restrito a partir do ponto de vista meramente materialista deixou de desenvolver: é uma luz lançada sobre todas as especulações espirituais anteriores dignas de alguma coisa, de um modo que une alguns sistemas aparentemente divergentes. Ele está para a filosofia espiritual bastante próximo de ser o que o sânscrito foi para a filologia comparada; trata-se de material de raízes filosóficas comuns. O judaísmo, o cristianismo, o budismo e a teologia egípcia foram assim vistos como uma só família de idéias. O ocultismo, já que não se trata de qualquer invenção nova, não é uma seita em si, porém nenhum professor de qualquer seita pode deixar de utilizar os esclarecimentos que ele lança sobre a concepção da Natureza e os destinos do Homem, aos quais foi induzido por sua fé específica; o ocultismo na verdade deve ser reconhecido por qualquer um que se dê ao trabalho de trazer com clareza à mente os problemas com os quais lida, como o estudo da importância mais sublime para todos os homens que buscam levar uma vida digna de sua condição humana, e que podem compreender as conseqüências éticas dos conhecimentos sobre a vida após a morte. Uma coisa é seguir o fio de uma impressão difusa de uma vida além do túmulo, se houver, e que pode de algum modo ser beneficiada pela abstinência do erro neste lado; será claramente outra coisa compreender, caso se possa demonstrar ser o caso, que a vida além do túmulo deve, com a certeza de uma soma total formada por uma série de quantidades menores e maiores, constituir a expressão final do uso feito das oportunidades nesta vida.

Eu disse que a importância surpreendente do conhecimento oculto tem a ver com a maneira pela qual ele proporciona o conhecimento exato e experimental das coisas espirituais que sob todos os outros sistemas permanecem sendo assunto de especulação ou fé religiosa cega. Pode-se afirmar além disso que o ocultismo demonstra que a harmonia e a continuidade suave da Natureza observável na física se estendem às operações da Natureza que cuidam dos fenômenos da existência metafísica.

Antes de expor as conclusões referentes à natureza do homem alcançadas pela filosofia oculta, vale a pena fazer frente a uma objeção possível no limiar do assunto. Como acontece que conclusões de tão grande porte tenham sido mantidas como propriedade secreta de um corpo fechado de iniciados? Não temos como lei do progresso que a verdade se afirma e busca o ar livre e a luz? Será razoável supor que a maior de todas as verdades – a base fundamental da verdade referente ao homem e à Natureza – deva ter receio de se mostrar? Com que objetivo podem os antigos professores ou mestres de filosofia oculta manter os tesouros inestimáveis de suas pesquisas reservados para si próprios?

Pois bem, não cabe a mim defender a tenacidade extrema com que os mestres do ocultismo até agora não apenas barraram o mundo em relação ao que sabem, mas o deixaram quase na ignorância de que exista tal conhecimento. Basta aqui fazer ver que seria tolice fecharmos os olhos a uma revelação que pode agora ser parcialmente concedida apenas porque estamos melindrados pelo comportamento daqueles que estiveram em posição de fazê-lo antes mas não o quiseram. Tampouco seria aconselhável dizer que a reticência dos ocultistas até agora desacredita tudo que nos digam a partir desse momento sobre o que adquiriram. Quando o sol está realmente brilhando de nada adianta dizer que sua luz é desacreditada pelo comportamento do barômetro no dia de ontem. Tenho de lidar, ao examinar as aquisições do ocultismo, com fatos que realmente ocorreram, e nada pode desautorizar o que sabemos ser verdade. Sem dúvida valeria a pena examinar mais tarde os motivos que levaram os ocultistas de todas as eras a se mostrar profundamente reservados, e pode haver mais o que dizer, na justificação do rumo que foi adotado, do que parece à primeira vista. Na verdade o leitor não irá longe em um exame dos poderes que os mestres do ocultismo de fato possuem sem perceber que é supremamente desejável manter fora da vista do mundo em geral o exercício prático de tais poderes. Uma coisa, porém, é negar à humanidade de um modo geral a chave que abre o mistério do poder oculto; outra é esconder o fato de que exista um mistério a ser desvendado. Mas um exame maior dessa questão aqui seria prematuro. Basta por enquanto anotar o fato de que o segredo afinal de contas não é completo se os estudantes externos do assunto podem aprender tanto sobre esses mistérios quanto eu tenho a revelar. De modo manifesto existe muito mais, oculto por trás, porém em todos os casos muito pode ser aprendido pelos perquiridores que partam na direção correta.

Além disso, o que agora pode ser aprendido não é nenhuma revelação nova, que por fim foi propagada caprichosamente ao mundo externo pela primeira vez. Em períodos anteriores da história o mundo em geral sabia muito mais sobre a natureza do ocultismo do que o Ocidente moderno sabe. A intolerância fanática da civilização moderna, e não o ciúme do ocultista é que tem a culpa, se povos europeus nesse momento estão de modo geral mais ignorantes do progresso da pesquisa psicológica que o povo egípcio do passado ou o da Índia nos dias de hoje. No tocante a este último, no qual a verdade da teoria que acabei de sugerir pode facilmente ser testada, o leitor verá que a grande maioria dos hindus se acha inteiramente convencida da verdade das afirmações principais que estou para apresentar. De um modo geral eles não falam sobre esses assuntos com europeus porque estes se inclinam à zombaria estúpida contra opiniões que não compreendem ou em que não acreditam. O indiano fica muito tímido na presença de tal ridicularização, mas isso não afeta nem um pouco a crença existente em sua própria mente sobre o ensinamento fundamental que ele quase sempre recebeu e em muitos casos durante acontecimentos difíceis pelos quais ele próprio passou. Os hindus percebem muito bem, em seu conjunto, o fato de que existem pessoas que por uma dedicação completa a certos modos de vida adquirem poderes incomuns na Natureza, os quais os europeus chamariam, muito erroneamente, de sobrenaturais. Eles estão bastante familiarizados com a noção de que tais pessoas levam vidas isoladas e são inacessíveis à curiosidade comum; e também com o fato de que mesmo assim são abordáveis por candidatos decididos e aptos para a admissão ao treinamento oculto. Se perguntarmos a qualquer hindu culto se ele já ouviu falar em *Mahatmas* e *Yoga Vidya* ou ciência oculta, em cem por cento dos casos vamos descobrir que isso ocorreu – e (a menos que ele seja o produto híbrido de uma universidade anglo-indiana) acredita inteiramente na realidade dos poderes atribuídos à Ioga. Isso não quer dizer que ele dirá de imediato "sim" a um europeu que lhe faça a pergunta. Provavelmente dirá o oposto, a partir da apreensão de que falei antes, mas se levarmos as perguntas mais à frente, descobriremos a verdade, como descobri, por exemplo, no caso de um nativo muito inteligente e que falava inglês, situado em posição influente e em relação constante com altos funcionários europeus, no ano passado. De início meu novo conhecido fez frente às minhas perguntas como se não soubesse nada sobre tais questões, com uma expressão pétrea de ignorância completa e a negativa explícita de qualquer conhecimento sobre aquilo a que eu me referia. Somente na segunda vez em que o vi em particular e em minha própria casa, foi que gradativamente ele começou a perceber que eu falava sério e que eu próprio sabia algo sobre a Ioga. Então ele tranqüilamente revelou os seus pensamentos reais sobre o assunto e me mostrou que sabia não apenas perfeitamente bem o que eu queria dizer todo o tempo, como tinha inúmeras informações referentes a ocorrências e fenômenos ocultos ou aparentemente sobrenaturais, muitos dos quais tinham sido observados em sua própria família e alguns por ele próprio.

A questão em tudo isso é que os europeus não têm razão de atribuir a um egoísmo da parte dos ocultistas a ignorância absoluta e completa que existe na sociedade ocidental moderna em relação a eles. O Ocidente tem estado ocupado com os negócios do progresso material, com exclusão do desenvolvimento psicológico. Talvez ele tenha feito o melhor para o mundo ao se restringir à sua especialidade, mas qualquer que seja o caso só pode culpar a si próprio se sua concentração em torno de certos objetivos levou a retrocesso em outro ramo de desenvolvimento.

Jacolliot, escritor francês que lidou profundamente com diversas fases do espiritismo no Oriente, ouviu de alguém que deve ter sido um adepto, se avaliarmos pela linguagem por ele empregada: "Vocês estudaram a natureza física e obtiveram por meio das leis da Natureza resultados maravilhosos – o vapor, a eletricidade, etc, etc. Por vinte mil anos ou mais nós temos estudado as forças intelectuais; descobrimos suas leis e obtivemos, fazendo com que elas ajam isoladamente ou em conjunto com a matéria, fenômenos ainda mais espantosos do que os de vocês". Jacolliot acrescenta: "Temos visto coisas tais que não podem ser descritas por medo de levar os leitores a duvidar de nossa inteligência... mas ainda assim nós as vimos".

Os fenômenos ocultos não devem ser confundidos com os fenômenos do espiritismo. Estes últimos são manifestações que os médiuns não podem controlar ou compreender. Os primeiros são realizações de um operador consciente e vivo que compreende as leis com as quais trabalha. Se tais realizações parecem milagrosas, isso fica por conta da ignorância do observador. O espírita sabe muitíssimo bem, a despeito da zombaria ignorante por parte de estranhos que se contentam em rir sem saber de que estão rindo, que muitos tipos diferentes de fatos aparentemente sobrenaturais ocorrem constantemente para os inquiridores que os procuram com suficiente diligência. Mas ele jamais foi capaz de ver uma pista para qualquer outra explicação senão a sobrenatural para as causas em operação. Ele adotou uma certa hipótese à falta de coisa melhor logo de início e trabalhando sempre nessa idéia construiu um edifício tão complexo de teorias ao redor dos fatos que resiste a tolerar o surgimento de uma nova hipótese que o obrigará a reconstruir suas opiniões quase desde o começo. Isso será inevitável, entretanto, se ele pertence à ordem dos indagadores que preferem ter certeza de se ter apoderado da verdade antes de fortalecer uma doutrina que haviam adotado para o que der e vier.

Falando em termos amplos, quase não existe um só dos fenômenos do espiritismo que os adeptos do ocultismo não possam reproduzir pela força de sua própria vontade alimentada pela compreensão dos recursos da Natureza. Como veremos, no relato direto de minhas próprias experiências, assisti a alguns dos fenômenos mais conhecidos do espiritismo produzidos unicamente por intervenção humana. As antigas e originárias batidas que introduziam os fenômenos maiores do espiritismo foram produzidas para minha observação em um sem-número de modos e sob condições que tornam a hipótese de qualquer intervenção espírita na questão inteiramente absurda. Vi flores caírem do teto vazio de um aposento sob circunstâncias que me deram a garantia prática de que nenhuma intervenção espírita se achava presente, embora de um modo tão absolutamente "sobrenatural" no sentido de ser produzido sem a ajuda de qualquer dispositivo material quanto quaisquer das chuvas de flores com que alguns médiuns espíritas são brindados. Repetidas vezes recebi "escrita direta" produzida em papel dentro de envelopes fechados por mim mesmo, escrita que havia sido criada ou precipitada por um correspondente humano e vivo. Disponho de informação que, embora seja de segunda mão, é inteiramente fidedigna sobre uma grande variedade de outros fenômenos espíritas conhecidos, produzidos do mesmo modo por adeptos[1] humanos no ocultismo, mas não é minha tarefa no momento declarar guerra ao espiritismo. Os anúncios que tenho a fazer virão sem dúvida a ser recebidos com mais presteza entre os espíritas do que nos círculos externos do mundo comum, porque os espíritas sabem, com base em sua própria experiência, que a ciência ortodoxa atual não tem a última palavra em relação à mente e à matéria, enquanto o leigo ortodoxo se prende estupidamente a uma negativa dos fatos quando os mesmos são de uma natureza que ele próprio se vê incapaz de explicar. Como os fatos do espiritismo, embora acessíveis a qualquer homem sincero que vá à procura deles, não são do tipo que qualquer um possa exibir e lançar ao rosto dos "céticos" pragmáticos, estes últimos podem prosseguir com suas declarações de incredulidade sem que a tolice da sua posição se torne tão óbvia para eles próprios como é para "os iniciados". No entanto, embora desse modo a mente científica comum relute em reconhecer tanto a honestidade de meu testemunho como a viabilidade de minhas explicações, estas podem servir para desfazer alguns preconceitos hostis se eu deixar claro desde o início que o ocultismo nada tem a ver com o espiritismo – que "os espíritos" nada têm absolutamente a ver com as experiências extraordinárias que passo a relatar.

---

[1] Adepto, do latim *adeptus,* significa literalmente "aquele que obteve", isto é, um completo conhecedor das questões ocultas. (N. ed. bras.)

2. O Ocultismo e Seus Adeptos

I

Os poderes que o ocultismo dá a seus adeptos incluem, em primeiro lugar, um controle sobre várias forças da natureza que a ciência comum desconhece por completo. Por meio deles um adepto pode conversar com qualquer outro adepto, seja qual for a distância geográfica entre eles. Essa telegrafia psicológica é inteiramente independente de condições ou dispositivos mecânicos de qualquer espécie. E as faculdades clarividentes do adepto são tão perfeitas e completas que podem ser vistas como uma espécie de onisciência no que diz respeito às questões mundanas. Para os mortais comuns, o corpo é a prisão da alma. Só conseguimos enxergar o que se apresenta diante de suas janelas e somente podemos tomar conhecimento do que é trazido para o interior dessa prisão. Mas o adepto descobriu a chave dessa prisão e pode sair dela à vontade. Já não é uma prisão para ele – apenas uma moradia. Em outras palavras, o adepto pode projetar a alma para fora do corpo, até qualquer lugar que lhe agrade e com a rapidez do pensamento.

Todo o edifício do ocultismo, do porão ao teto, é de tal modo estranho às concepções comuns que se torna difícil saber como começar a explicar o seu teor. Como poderia alguém descrever uma máquina de calcular a uma platéia que não conhecesse os dispositivos mecânicos mais simples e nada soubesse de aritmética? As classes mais cultas da Europa Moderna, no que tange às realizações do ocultismo, estão, apesar da perfeição de sua erudição literária e da precisão refinada de suas realizações em seus próprios departamentos de ciência, na posição de nada saber sobre o ABC do ocultismo, nem sobre as capacidades da alma em contraste com as capacidades do corpo e da alma combinados. Os ocultistas durante muito tempo se dedicaram principalmente a esse estudo; atingiram resultados neste setor que são estonteantemente magníficos; mas a inteligência comum, trazida de súbito à presença de alguns deles, cambaleia e se sente em um mundo de milagres e encantamento.

Nos gráficos onde se acha registrado o fluxo da história, mais ou menos todas as nações se misturam, com exceção dos chineses, e a evolução é mostrada como descendo em um só rio sem afluentes nem braços, vindo das nuvens do tempo. Suponhamos que a Europa civilizada só tivesse entrado em contato com os chineses recentemente, e suponhamos que o chinês, muito mais inteligente do que realmente é, houvesse desenvolvido algum campo de ciência física a tal ponto que na verdade nos alcançasse; suponhamos que esse campo determinado houvesse sido negligenciado inteiramente entre nós, e então se pode imaginar a surpresa que sentiríamos ao confrontar essas descobertas chinesas em seu desenvolvimento avançado sem nos termos gradualmente familiarizado com o seu início. Seria uma surpresa muito grande. Pois bem, essa é exatamente a situação no que tange à ciência oculta. Os ocultistas têm sido uma raça separada desde um período anterior àquele que podemos sondar. Não uma raça fisicamente separada, tampouco uma raça fisicamente uniforme em absoluto, e também não uma nação em qualquer sentido dessa palavra, porém uma associação permanente de homens da mais elevada inteligência, ligados entre si por um elo mais forte do que qualquer laço humano, e que prosseguem com uma perfeita continuidade de propósitos os estudos, as tradições e os mistérios do autodesenvolvimento transmitidos a eles por seus antecessores. Por todo esse tempo a corrente da civilização, sobre cujas ondas mais avançadas a cultura da Europa moderna flutua hoje, tem sido inteira e absolutamente negligente quanto ao estudo a que os ocultistas dedicam atenção única. Não causa estranheza, portanto, que as duas linhas de civilização tenham divergido e se separado tanto que suas formas se mostrem hoje totalmente diversas uma da outra. Resta ver se tal tentativa de reintroduzir os primos desde há muito afastados será tolerada ou tratada como tentativa desonesta de fazer passar um impostor como parente.

Eu já disse que o ocultista pode projetar sua alma desde o corpo. Diga-se de passagem que, desse modo, ele comprovou além de qualquer sombra de dúvida o fato de que realmente tem uma alma. Uma comparação de mitos tem sido às vezes chamada de ciência da religião. Se pode realmente existir uma ciência da religião, ela terá obrigatoriamente de ser o ocultismo. À primeira vista talvez não seja evidente que a verdade religiosa deve forçosamente revelar-se de modo mais completo à alma temporariamente desligada do corpo do que para a alma que apenas tome conhecimento de idéias por intermédio dos sentidos físicos. Mas subir a um reino de imaterialidade, onde a cognição se torna um processo de percepção pura enquanto as faculdades intelectuais se encontram em pleno andamento e se centralizam no homem imaterial, deve levar claramente a uma compreensão ampliada da verdade religiosa.

Acabei de falar do "homem imaterial" em contraste com o corpo dos sentidos físicos, mas é tão complexo o que tenho a dizer que não devo induzir o leitor a tolerar tal frase, assim como devo rejeitá-la como imprecisa para o futuro. A filosofia oculta comprovou que o eu etéreo interno, que é o homem em contraste com o seu corpo, constitui o invólucro de algo ainda mais etéreo – é em si próprio, em um sentido sutil do termo, material.

A maioria das pessoas civilizadas acredita que o homem tem uma alma que de algum modo sobreviverá à dissolução do corpo, mas é forçada a confessar que *não sabe* grande coisa sobre o assunto. Muitos dos mais civilizados apresentam grandes dúvidas nessa questão, e alguns acham que as pesquisas na física que sugeriram que até o pensamento pode ser um tipo de movimento tendem a acentuar a hipótese de que quando a vida do corpo é destruída nada mais sobrevive. A filosofia oculta não faz conjeturas sobre essa questão, em absoluto – ela conhece a realidade dos fatos.

São Paulo, que foi um ocultista, fala do homem como composto de corpo, alma e espírito. A distinção dificilmente se ajusta à teoria de que quando um homem morre sua alma é levada ao céu ou inferno para sempre. O que então se torna o espírito, e em que é o espírito diferente da alma da hipótese comum? Os pensadores ortodoxos têm elaborado alguma teoria própria sobre o assunto: que a alma seja a sede das emoções, e o espírito das faculdades intelectuais ou vice-versa. Ninguém pode situar tais conjeturas em um alicerce firme, nem mesmo na base de uma revelação alegada, mas São Paulo não estava seguindo meras fantasias quando fez uso da expressão citada. O espírito a que se referia pode ser descrito como a alma da alma. Quanto a este tópico, no momento, não precisamos nos preocupar. A questão importante que o ocultismo apresenta é que a alma do homem, embora seja algo muitíssimo mais sutil, etéreo e duradouro do que o corpo, é por si mesma uma realidade *material*. Não material como a química entende a matéria, mas como a ciência física em bloco poderia compreendê-la se o tentáculo de cada campo da ciência se tornasse mais sensível e trabalhasse em maior harmonia.[2] Não é suficiente para negar a materialidade de qualquer substância hipotética dizer que não podemos determinar seu peso atômico e suas valências ou afinidades. O éter que transmite a luz é tido como material por qualquer um que sustente sua existência, mas existe uma enorme diferença entre ele e o mais rarefeito dos gases. Nem sempre aborda-

---

[2] Esta evolução do passado científico que ocorreu ao longo do século 20 com a física quântica e com as pesquisas de cientistas como os físicos Fritjof Capra, David Bohm, biólogos como Rupert Sheldrake, químicos como James Lovelock, e outros. (N. ed. bras.)

mos uma verdade científica a partir do mesmo ponto de vista. Podemos perceber algumas verdades diretamente e será preciso deduzir as demais de modo indireto, mas estas últimas podem se mostrar igualmente certas por outro motivo. A materialidade do éter é dedutível a partir do comportamento da luz: a materialidade da alma pode ser deduzida de sua sujeição a forças. Uma influência mesmérica é força que emana de certas características físicas do mesmerista. Ela se estende à alma do paciente através da distância e produz efeito perceptível para ele, efeito demonstrável a outras pessoas. É claro que este é um exemplo e não uma prova. Devo apresentar tão bem quanto for capaz – e tal só pode ocorrer de modo muito imperfeito – as descobertas do ocultismo sem tentar, inicialmente, a comprovação de cada parte delas. Mais adiante, poderei provar algumas partes, com o que outras serão em seguida reconhecidas como também comprovadas, indiretamente.

A alma é material, e é inerente ao corpo material mais grosseiro. Este fato capacita o ocultista a falar de modo claro sobre o assunto, pois ele pode convencer-se de um só golpe de que há tal coisa como uma alma e que ela seja material em sua natureza, ao dissociá-la do corpo em certas condições e devolvê-la outra vez. O ocultista pode mesmo fazer isso às vezes com outras almas; sua realização fundamental, todavia, é fazê-lo com a sua própria. Quando digo que o ocultista *sabe* que tem uma alma, eu me refiro a esse poder. Ele sabe disso tão bem quanto outro homem sabe que tem um casaco. Este pode retirá-lo do corpo e tornar bem claro que se trata de algo separado dele. Mas lembre-se de que para ele, quando a separação se efetua, *ele* é a alma, e a coisa afastada de si é o corpo. Isto serve para mostrar nada menos que a certeza absoluta sobre o grande problema da sobrevivência após a morte. O adepto não confia na fé ou em conjetura metafísica no que tange às possibilidades de sua existência fora do corpo. Ele experimenta tal existência sempre que deseja, e embora se reconheça que a simples arte de se libertar temporariamente do corpo não lhe traga forçosamente informações quanto a seu destino final após tal emancipação se tornar definitiva com a morte, mesmo assim lhe confere em todos os casos o conhecimento exato das condições nas quais ele iniciará essa jornada para o mundo seguinte. Enquanto seu corpo vive, sua alma está, por assim dizer, como um balão cativo (embora com um cabo muito longo, elástico e imponderável). As ascensões cativas não lhe possibilitarão necessariamente saber se o balão flutuará quando finalmente a máquina lá embaixo deixar de funcionar, e ele se encontrar inteiramente solto; mas já é alguma coisa se um aeronauta, antes que a jornada principie, sabe com certeza, como eu disse antes, que existem coisas tais como os balões, nos quais pode navegar no caso de emergência.

Haveria uma grandiosidade infinita na faculdade que acabei de descrever, supondo que esta fosse a meta do adeptado; mas em vez de ser o fim mostra-se mais como um começo. Os feitos aparentemente mágicos que os adeptos do ocultismo têm o poder de desempenhar são realizados, segundo me informam, por meio do conhecimento de uma força na Natureza que é mencionada nos escritos sânscritos como *akasha*. A ciência ocidental já fez muito ao descobrir algumas das propriedades e dos poderes da eletricidade. A ciência oculta, eras antes, fizera muito mais ao descobrir as propriedades e os poderes do *akasha*. Em sua obra *A Raça Futura*[3], E. Bulwer Litton, cuja ligação com o ocultismo parece ter sido maior do que o mundo em geral pensa, apresenta um relato fantástico e imaginativo das maravilhas alcançadas por meio do Vril no mundo a que seu herói chega. Ao escrever sobre o Vril, o autor estava de modo bem claro poetizando o *akasha*. *A Raça Futura* é descrita como um povo inteiramente diferente dos adeptos em muitas particularidades essenciais. É uma nação completa, entre outras coisas, de homens e mulheres, todos eles manipulando igualmente os

---

[3] Editora Teosófica, Brasília. (N. ed. bras.)

poderes já desde a infância – alguns dos quais, entre outros não descritos – os adeptos se tornaram senhores. Trata-se de um simples conto de fadas alicerçado nas conquistas do ocultismo. Mas ninguém que tenha estudado o último pode deixar de ver e deixar de reconhecer, com uma convicção equivalente à certeza, que o autor de *A Raça Futura*[4] deve ter tido conhecimento das idéias principais do ocultismo, talvez muito mais que isso. As mesmas indicações são proporcionadas pelos outros romances de mistério escritos por Lytton, *Zanoni*[5] e *A Strange Story*. Em *Zanoni,* o personagem sublime no pano de fundo, Mejnour, representa evidentemente um grande adepto do ocultismo oriental, exatamente como aqueles de quem tenho que falar. É difícil saber por que motivo nesse caso, quando Lytton pretendeu claramente se aproximar muito mais dos fatos reais do ocultismo do que em *A Raça Futura*, ele decidiu representar Mejnour como o sobrevivente solitário da fraternidade Rosacruz. Os guardiões da ciência oculta se contentam em ser um pequeno grupo em comparação com a importância tremenda do conhecimento que eles preservam para não desaparecer, porém jamais deixaram que seu número diminuísse em medida tal a correr qualquer perigo de deixar de existir como corpo organizado na terra. Também é difícil compreender o motivo pelo qual Lytton, tendo aprendido tanto quanto aprendeu, viesse a se contentar em utilizar sua informação apenas como ornamento de ficção em vez de dá-la ao mundo em uma forma que reclamasse exame mais sério. As pessoas prosaicas argumentarão nesse sentido, mas não é impossível que o próprio Lytton se tornasse, por meio de longo estudo da questão, tão imbuído pelo amor ao mistério que parece ser inerente à mente do ocultista, que preferisse lançar sua informação de um modo velado e místico, de modo que fosse inteligível aos leitores que estivessem em sintonia com ele próprio, e passasse sem ser notado pela compreensão comum, sem despertar a rejeição raivosa que

---

[4] Veja nota nº 3 na p. 38.
[5] Livro publicado no Brasil por várias editoras. (N. ed. bras.)

estas páginas, por exemplo, se são destinadas a receber qualquer atenção, certamente encontrarão por parte dos fanáticos na ciência, na religião e na grande filosofia do lugar-comum.

Akasha – que isto fique claro, então – é uma força para a qual não temos nome e em referência à qual não temos experiência alguma capaz de orientar para uma concepção de sua natureza. Pode-se aprender a idéia necessária visualizando que se trata de algo muito mais potente, sutil e extraordinário como agente do que a eletricidade, assim como a eletricidade é superior em sutileza e eficiência em vários aspectos ao vapor. É por meio do conhecimento das propriedades dessa força que o adepto pode realizar os fenômenos físicos que logo apresentarei, a fim de mostrar que estão ao seu alcance, além de outros de grandeza muito maior.

II

Quem são os adeptos que lidam com as forças tremendas das quais eu falo? Há motivos para crer que tais adeptos existiram em todas as eras históricas e existem adeptos assim na Índia, neste momento, ou em países próximos. O fato de que o conhecimento que eles herdaram é idêntico ao dos iniciados antigos do ocultismo surge irresistivelmente de um exame das opiniões que eles sustentam e das faculdades que exercem. A conclusão tem de ser extraída de uma massa de provas literárias. Bastará enunciá-la por agora e ver os canais adequados de pesquisa no assunto, posteriormente.

Por enquanto vamos examinar a realidade dos adeptos como existem hoje.

Eles constituem uma Fraternidade ou Associação Secreta que se estende por todo o Oriente, porém a sede principal da mesma, por ora, estou informado, acha-se no Tibete. Mas a Índia ainda não foi abandonada pelos adeptos, e é desse país que eles recrutam muitas pessoas. Isso porque a grande fraternidade é ao mesmo tempo a menor e a mais exclusiva organização do mundo, e novos membros vindos de qualquer raça ou país são bem-vindos desde que possuam a capacitação necessária. A porta, como me foi dito por alguém que é um adepto, está sempre aberta para o homem certo que bate nela, porém a estrada que tem de ser percorrida até que a porta seja alcançada é uma estrada que só viajantes muito decididos podem trilhar. É claramente impossível descrever os perigos dessa estrada de qualquer modo senão em termos muito gerais, mas não é necessário ter aprendido qualquer segredo de iniciação para compreender o caráter do treinamento pelo qual um neófito deve passar até alcançar a dignidade de ser proficiente no ocultismo. O adepto não é feito: ele se torna, ao que me garantiram, e o processo de tornar-se está principalmente em suas próprias mãos.

Seja quem for, ele jamais, creio, tem acesso à primeira das provas que corta o caminho para os primeiros degraus do ocultismo em menos de sete anos, a contar do tempo em que é aceito em provação como candidato à iniciação. E não há garantia para ele de que os sete anos não se estendam indefinidamente. Ele não tem garantia de que lhe será concedida admissão a qualquer iniciação. Essa incerteza espantosa que por si só impediria a maioria dos europeus, por mais que estejam atentos à questão intelectualmente, de tentar avançar eles próprios para o domínio do ocultismo, não é mantida pelo mero capricho de uma sociedade autoritária, que brinque, por assim dizer, com a atenção aflita de seus admiradores. As provas pelas quais o neófito tem de passar não são zombarias fantásticas, e tampouco imitações de grandes perigos. Também não são, ao que sei, barreiras artificiais criadas pelos mestres do ocultismo para pôr à prova a coragem dos seus discípulos, assim como um mestre de equitação poderia erguer obstáculos em sua escola. É inerente à natureza da ciência que está para ser explorada que suas revelações façam cambalear a razão e ponham à prova a coragem mais resoluta. É em seu próprio interesse que o caráter do candidato e a sua firmeza de propósito e talvez seus atributos físicos e mentais são postos à prova e observados com cautela e paciência infinitas logo de início, antes que ele possa fazer o mergulho final no oceano de estranhas vivências pelo qual terá de nadar com força própria ou então perecer.

Quanto à natureza das provas que o aguardam durante o período do seu desenvolvimento, é óbvio que não posso apresentar detalhes precisos, e as conjeturas baseadas em revelações fragmentárias recolhidas aqui e acolá não valem como registro; mas quanto à natureza da vida levada pelo simples candidato à admissão como neófito é igualmente evidente que não há nenhum segredo. O desenvolvimento final do adepto requer entre outras coisas uma vida de pureza física absoluta, e o candidato deve desde o início dar provas práticas de seu desejo de adotá-la. Ele deve, e isto durante todos os anos de sua provação, mostrar-se inteiramente casto, inteiramente abstêmio e indiferente a intemperanças físicas de qualquer espécie. Esse regime não acarreta qualquer disciplina fantástica ou ascetismo importuno, tampouco uma retirada do mundo. Nada impediria um cavalheiro da sociedade londrina de estar em pleno treinamento para a candidatura oculta sem que qualquer pessoa ao redor o percebesse. Porque o verdadeiro ocultismo, a ligação sublime do adepto real, não é obtida pelo ascetismo detestável do faquir indiano comum, do iogue das florestas, cuja sujeira cresce juntamente com sua santidade – do fanático que prende ganchos de ferro em sua carne ou mantém o braço erguido até que ele murche. O conhecimento imperfeito de alguns dos fatos externos do ocultismo indiano com freqüência levará à incompreensão neste aspecto. *Yoga Vidya* é o nome indiano para a ciência oculta, e é fácil aprender muito mais do que vale a pena sobre as práticas de alguns entusiastas mal orientados que cultivam alguns de seus aspectos inferiores por meio de simples exercícios físicos. Falando-se corretamente, esse desenvolvimento físico é chamado *Hatha Yoga,* enquanto o tipo mais elevado que se aproxima pela disciplina da mente, e leva às grandes altitudes do ocultismo, se chama *Raja Yoga*. Nenhuma pessoa que um ocultista verdadeiro consideraria um adepto adquiriu tais poderes por meio dos exercícios laboriosos e pueris da *Hatha Yoga*. Não quero dizer que tais exercícios inferiores sejam inteiramente fúteis, pois eles podem dar à pessoa que os pratica algumas faculdades e poderes anormais. Muitos tratados foram escritos para descrevê-los e muitas pessoas que viveram na Índia poderão relatar experiências curiosas que tiveram com pessoas proficientes nessa disciplina extraordinária. Não pretendo preencher estas páginas com relatos de fatos maravilhosos que não tive meio de avaliar, mas insisto aqui que nenhuma história que alguém possa ter ouvido ou lido e que pareça conferir um aspecto infame, pequeno ou desprezível à ioga indiana pode ter qualquer aplicação à ioga etérea que se chama *Raju Yoga* e que leva às alturas extraordinárias do verdadeiro adeptado.

3. *A Sociedade Teosófica*

Embora a organização oculta sempre tenha sido secreta, há muito mais por aprender sobre as visões filosóficas que ela preservou ou adquiriu do que se poderia supor à primeira vista. Como demonstrará a minha própria experiência, quando tiver sido narrada, os grandes adeptos do ocultismo não têm eles próprios resistência alguma à disseminação de sua filosofia religiosa até o ponto em que um mundo despreparado como o nosso em investigação psicológica pura pode se valer de tal ensinamento. Eles tampouco são irreversivelmente contrários à manifestação ocasional das forças superiores da Natureza a que suas pesquisas extraordinárias os conduziram. Os numerosos fenômenos aparentemente milagrosos que testemunhei por meio de intervenção oculta jamais poderiam ter sido exibidos se a regra geral que proíbe aos Irmãos a exibição de seus poderes a pessoas não-iniciadas fosse absoluta. Como regra geral, na verdade, a exibição de qualquer fenômeno oculto com o objetivo de produzir o espanto e a admiração dos observadores é rigorosamente proibida. E na verdade eu diria que tal proibição é absoluta se não existir qualquer propósito maior em jogo. É evidente, todavia, que com um desejo puramente filantrópico de divulgar um sistema filosófico que é enobrecedor em sua natureza, os Irmãos podem às vezes permitir a exibição de fenômenos anormais quando as mentes que a observam podem elevar-se com a demonstração, chegando assim a um respeito adequado pela filosofia a que ela serve. E a história da Sociedade Teosófica tem sido uma extensão dessa idéia.[6] Tal história tem sido

---

[6] Esta frase naturalmente se refere aos primeiros anos da história da S.T. (N. ed. bras.)

variada porque os fenômenos postos à vista muitas vezes falharam em seu efeito e às vezes tiveram publicidade prematura, lançando sobre o estudo da filosofia oculta, do ponto de vista do mundo externo, e sobre as pessoas devotadas que estavam mais identificadas com o seu incentivo por meio da Sociedade Teosófica, grande medida de zombaria estúpida e alguma perseguição maligna. Podemos perguntar por que motivo os Irmãos, se de fato são as pessoas grandes e poderosas de que falo, permitiram situações desse tipo, porém a indagação não é tão embaraçosa quanto pode parecer à primeira vista. Se a realidade dos Irmãos que me esforcei por apresentar ao leitor foi apreciada corretamente, terá ficado claro que eles são menos capacitados, apesar de seus poderes, do que as pessoas com desenvolvimento oculto menor, para empreender qualquer coisa que acarrete relações diretas com uma multiplicidade de pessoas comuns no mundo externo.

Acredito que o objetivo primordial da Fraternidade seja algo muito diferente da tarefa em que estou empenhado, por exemplo, neste momento – a de convencer o público geral de que realmente existem poderes latentes na humanidade, capazes de um desenvolvimento extraordinário, que nos levam de um salto a uma distância imensa, além dos sonhos da ciência física com referência à compreensão da Natureza, e ao mesmo tempo nos proporcionam um testemunho inegável com relação à constituição e ao destino da alma humana. Essa é uma tarefa à qual é razoável supor que os Irmãos lançassem um olhar solidário, mas bastará a reflexão de um momento para tornar óbvio que seu dever primordial deve ser o de manter viva a realidade desse conhecimento e desses poderes sobre os quais estou apenas apresentando um relato difuso.

Se os Irmãos fossem se dedicar à tarefa grande e difícil de derrubar a incredulidade de uma multidão impassível, a incredulidade amarga dos materialistas, a incredulidade apavorada e indignada do mundo religioso ortodoxo, é concebível que eles pudessem *propter vitam vivendi perdere causas* – levar a própria ciência oculta à decadência na luta pelo objetivo de convencer a humanidade de que realmente existem. Certamente, pode ser sugerido que a divisão do trabalho seria possível no ocultismo como em tudo o mais, e que alguns adeptos capacitados para a obra poderiam ser destinados ao objetivo de desfazer a incredulidade da ciência moderna, enquanto os outros continuariam com as obrigações primordiais de sua carreira e no isolamento que tanto amam. Mas uma sugestão desse tipo, por mais eficaz que possa parecer para um mundo prático, provavelmente seria completamente impraticável para o verdadeiro místico. Para começar, o aspirante de honras ocultas não executa o esforço tremendo e prolongado necessário ao êxito para que, ao final de tudo, venha viver uma vida no meio do mundo comum, que na hipótese de êxito no ocultismo deve forçosamente ser-lhe extremamente repugnante.

Provavelmente não existe um só adepto verdadeiro que não olhe com grande aversão e repugnância qualquer vida a *não ser* uma vida de isolamento que nós, do mundo externo, encararíamos como estar sepultado vivo em uma região montanhosa e distante onde nenhuma pessoa do mundo externo poderia chegar. Logo poderei demonstrar que o amor pelo isolamento, inerente ao adepto, não implica que ele tenha uma mente vazia do conhecimento da cultura européia e de seu modo de viver. Ao contrário, é compatível com uma quantidade de cultura e experiência européias que as pessoas meramente familiarizadas com os aspectos comuns da vida oriental ficariam surpresas em descobrir como fato possível no caso de um homem nascido no Oriente. Pois bem, o adepto que fosse supostamente enviado, conforme a sugestão que estou examinando, para mostrar ao mundo científico que existem esferas de conhecimento inexploradas por ele e faculdades atingíveis pelo homem que ele nem sequer sonha possuir, teria de ser designado para cumprir tal missão ou se apresentar como voluntário para a mesma. No primeiro caso teríamos de supor que a fraternidade oculta seja despótica no tratamento de seus membros de um modo que toda a minha observação leva a crer que não acontece; no outro caso temos de imaginar algum adepto fazendo o sacrifício voluntário daquilo que ele encara não apenas como a vida mais agradável, mas como a mais elevada – por quê? Para cumprir uma tarefa que ele não encara como sendo de grande importância – pelo menos se comparada à outra tarefa em que ele pode estar participando – a perpetuação e talvez o desenvolvimento da própria ciência maior. Mas não é necessário continuar com este raciocínio, porque ele surgirá de outra forma mais adiante. De momento basta indicar que existem razões contrárias à adoção daquele método de persuasão que pareceria mais adequado, ao critério das pessoas comuns, para a introdução das verdades ocultas na inteligência moderna.

E tais considerações parecem ter levado à aceitação, pelos Irmãos, da Sociedade Teosófica como instrumento mais ou menos imperfeito, porém ainda assim o melhor disponível para a execução de uma tarefa na qual, sem estarem na verdade preparados para ingressar, mesmo assim desperta um vivo interesse.

E quais são as condições singulares que tornam a Sociedade Teosófica, cuja organização e direção se mostraram falhas em muitos aspectos, o melhor instrumento até agora disponível para a propagação das verdades ocultas? A dedicação e as capacitações de sua fundadora, a sra. Blavatsky, proporcionam a explicação necessária. Mostra-se óbvio que para dar qualquer patrocínio ou apoio a uma sociedade que trata da promulgação da filosofia oculta era necessário aos Irmãos estarem em comunicação oculta com ela de um modo ou de outro. Isso porque devemos lembrar que embora nos possa parecer coisa muito espantosa e impossível sentar-se em casa e imprimir nossos pensamentos na mente de um amigo distante por meio da vontade, um Irmão vivendo em retiro desconhecido no Himalaia pode não apenas conversar tão livremente quanto quiser com qualquer de seus amigos iniciados em qualquer parte do mundo, como consideraria outros modos de comunicação, como aqueles com os quais as faculdades rastejantes do mundo externo têm de se contentar, simplesmente intoleráveis por seu tédio e ineficiência. Além disso ele deve, para poder ajudar qualquer sociedade que opere entre as pessoas no mundo, ser capaz de receber notícias dela com a mesma facilidade com que pode mandar-lhe comunicações. Assim sendo, deve haver um iniciado em ambos os extremos da linha. Por fim, as regras ocultas evidentemente exigem essa condição ou, o que dá no mesmo, proíbem fatos que só podem ser evitados assim.

Pois bem, a sra. Blavatsky é uma iniciada – é uma adepta no grau suficiente para possuir esse poder magnífico de telegrafia psicológica com seus amigos ocultos. Que ela se tenha detido antes desse desenvolvimento maior como adepta que a fizesse transpor a fronteira entre este mundo e o outro, eis a circunstância que a fez assumir a tarefa com a qual a Sociedade Teosófica se ocupa, compatível com as considerações feitas antes como obstáculos para que tal dever seja empreendido por um adepto completo. No essencial, ela na verdade estava exatamente adequada para a situação. Será inútil indagar por que seu treinamento oculto a levou até certo ponto e não mais além, porque a resposta necessariamente incluiria explicações que envolvem os segredos da iniciação, que jamais são revelados sob quaisquer circunstâncias. Afinal de contas, ela é uma mulher – apesar do poder da sua mente, amplamente cultivada embora de modo não-sistemático, e da sua coragem ilimitada, comprovada inclusive no campo de batalha. Mais do que qualquer bravura com balas, sua coragem é demonstrada por sua iniciação oculta. De qualquer forma, após um estudo oculto realizado durante sete anos em um retiro no Himalaia, e culminando sua dedicação às atividades ocultas durante trinta e cinco ou quarenta anos, a sra. Blavatsky reapareceu no mundo e ficou aturdida ao encontrar pessoas comuns vivendo na rotina, numa ignorância espantosa no que tange às maravilhas da ciência oculta, com um oceano estupendo de experiência separando-a delas. De início quase não conseguia associar-se a tais pessoas pela visão de tudo o que sabia e elas ignoravam, e que não poderia revelar.

Qualquer pessoa pode compreender o peso de um grande segredo, mas o peso de um segredo como o ocultismo e a responsabilidade de grandes energias conferidas apenas sob a condição de que seu uso seja muito rigorosamente regulado por regras devem ter sido, realmente, muito pesados.

As circunstâncias – ou para dizer a coisa de modo mais claro, os amigos de quem, embora os houvesse deixado nos Himalaias quando regressou à Europa, ela não corria mais o perigo de separar-se, como compreendemos o termo – induziram-na a visitar a América e ali, auxiliada por algumas outras pessoas cujo interesse na questão era incentivado por manifestações ocasionais de seus poderes extraordinários, e notadamente pelo coronel Olcott que como Presidente da instituição lhe devotara a vida, fundou a Sociedade Teosófica. Os objetivos originais da Sociedade eram explorar os poderes psíquicos latentes no homem e estudar a literatura oriental antiga na qual a pista a tais poderes pode estar oculta e na qual a filosofia da ciência oculta pode em parte ser descoberta.

A Sociedade cresceu rapidamente na América, enquanto suas filiais também se formavam na Inglaterra e em outras partes; mas deixando que as mesmas cuidassem de si próprias, a sra. Blavatsky finalmente regressou à Índia a fim de criar a Sociedade ali entre os habitantes do país, a partir de cuja proximidade hereditária e natural com o misticismo era razoável esperar uma solidariedade ardorosa para com um empreendimento psicológico que não apenas se somava à crença intuitiva dos mesmos na realidade da *Yoga Vidya,* mas também a seu melhor patriotismo, apresentando a Índia como a fonte da cultura mais elevada do mundo, ainda que a menos conhecida e a mais oculta.

Aqui no entanto tiveram início os erros práticos na direção da Sociedade Teosófica que levaram aos incidentes mencionados acima e que causaram dificuldades na trajetória do movimento. A sra. Blavatsky, para começar, desconhecia inteiramente o lado cotidiano da vida indiana, pois em suas visitas anteriores só contatara com grupos de pessoas inteiramente desligadas do sistema social corrente e das características do país. Tampouco poderia ela ter empreendido uma preparação pior para a vida indiana do que a proporcionada por uma residência de alguns anos nos Estados Unidos. Isso fez com que ela chegasse à Índia sem as recomendações que poderia facilmente ter obtido na Inglaterra, e lhe colocou na mente uma concepção inteiramente errônea do caráter das classes dominantes inglesas na Índia e de suas relações com o povo. A Índia e os Estados Unidos estão bem distantes geograficamente e ainda mais distantes em outros aspectos. O resultado foi que a sra. Blavatsky, em sua primeira chegada à Índia, adotou uma atitude de audaz solidariedade para com os indianos em confronto com os europeus, procurando o convívio com os primeiros. Isso, somado ao fato de que não efetuou quaisquer gestos comuns da sociedade européia, e ao seu nome manifestamente russo, teve por efeito de modo muito natural torná-la suspeita aos olhos da organização bastante atrasada que na Índia procura combinar, com outros itens, as funções de polícia política. Tais desconfianças, é bem verdade, foram diminuídas quase no mesmo instante em que surgiram, mas não antes que a sra. Blavatsky houvesse por algum tempo sido objeto de uma espionagem tão canhestra que se tornou inteiramente óbvia a ela e aumentou sua indignação ao máximo. Para uma natureza mais fleumática, o incidente teria sido pouco mais que divertido, porém todos os fatos se combinaram para causar encrencas. Russa por nascimento, embora naturalizada nos Estados Unidos, a sra. Blavatsky é provavelmente mais sensível do que uma mulher inglesa pouco experiente em espionagem política ao insulto de ser tomada como espiã. Além disso a consciência íntima de ter, por confiança no empreendimento puramente intelectual ou espiritual a que dedicara a vida, renunciado ao lugar na sociedade que seu nascimento distinto e sua família destacada naturalmente lhe conferiam,[7] provavelmente intensificou o amargor de sua indignação ao descobrir que o sacrifício não apenas deixava

---

[7] Veja o Prefácio da 2ª edição inglesa neste volume. (N. ed. bras).

de ser apreciado como se voltava contra ela e era encarado como justificando uma suspeita. De qualquer modo as circunstâncias atuando sobre seu temperamento agitado levaram-na a fazer um protesto público que conduziu a que a questão fosse amplamente conhecida pelos nativos do país bem como pelos europeus, fazendo com que ela fosse olhada com suspeita por autoridades governamentais. E essa idéia por algum tempo impediu o êxito de seu trabalho. Nada pode ser feito na Índia sem um impulso europeu de início; de qualquer modo prejudica muitíssimo qualquer empreendimento não contar com tal impulso se for necessária a colaboração dos indianos. Não que a Sociedade Teosófica deixasse de obter membros, pois os indianos se sentiam lisonjeados pela atitude para com eles adotada por seus novos amigos "europeus" como a sra. Blavatsky e o coronel Olcott. Eles inspiravam sem dúvida um respeito geral apesar de sua nacionalidade americana, e os nativos mostravam um desejo superficial de se tornar teosofistas. Mas este desejo nem sempre era duradouro e em alguns casos mostrava uma falta lamentável de seriedade, com um rompimento completo em relação à Sociedade.

Neste meio tempo a sra. Blavatsky começou a fazer amigos entre os europeus, e em 1880 visitou Simla, onde iniciou ainda que tardiamente seu trabalho na direção certa. Mais uma vez, no entanto, alguns enganos foram cometidos retardando a criação da Sociedade Teosófica, no que diz respeito à Índia, nas condições dignas que deveria ter.

Um bom número de fenômenos maravilhosos foi testemunhado em diversas ocasiões por muitas pessoas; porém não foram tomadas medidas adequadas de salvaguarda a fim de evitar o grande perigo que sempre há quando se coloca a ciência oculta diante da atenção pública. Está fora de dúvidas que os fenômenos exibidos sob condições inteiramente satisfatórias a pessoas bastante inteligentes para compreender seu significado criam um efeito, despertando interesse no estudo da filosofia oculta, que nenhuma outra atração pode produzir, mas é igualmente verdade, embora à primeira vista isso possa não ser tão evidente para mentes de todo despreparadas para compreender a operação das forças ocultas, que os fenômenos mais inatacáveis serão recebidos como um insulto à compreensão em vez de como prova da operação do poder oculto. Isso acontece especialmente com pessoas de inteligência apenas mediana, cujas faculdades não podem suportar o choque da atração repentina por um conjunto inteiramente novo de idéias. A tensão é grande demais; a nova cadeia de raciocínio se rompe e o observador comum de ocorrências anormais volta à sua estrutura inicial de incredulidade, inteiramente incapaz de perceber o fato de que uma revelação de importância intelectual inestimável lhe foi oferecida e por ele mal interpretada. Nada é mais comum do que ouvir as pessoas dizerem: "Não posso acreditar na realidade de uma ocorrência fenomenal a menos que a veja por mim mesmo. Mostre-me tal coisa e eu acreditarei, porém só então".

Muitas pessoas que dizem isso estão inteiramente enganadas quanto àquilo em que acreditariam se a ocorrência lhes fosse demonstrada. Repetidas vezes assisti a fenômenos de natureza absolutamente genuína acontecerem diante dos olhos de pessoas desacostumadas a investigar as ocorrências desse tipo e que não deixam qualquer impressão além da convicção irritada de que de algum modo foram enganadas. Tal foi o que ocorreu em alguns exemplos célebres em Simla. Não é necessário dizer que por numerosos que fossem os fenômenos produzidos pela sra. Blavatsky ou que ela ajudou a produzir durante a visita a que me refiro, o número de pessoas no lugar que não teve oportunidade de assistir aos fenômenos foi consideravelmente maior do que o das que testemunharam. E para estas, via de regra, toda a série de incidentes era simplesmente uma ilusão. De nada serve a quem sustenta tal teoria lembrar que inexistia completamente em toda a questão qualquer motivo para a impostura, e que um número considerável de pessoas afirmava enfaticamente a veracidade completa dos fenômenos que lhes tinham sido demonstrados. A mente comum não consegue assimilar a idéia de que está diante de uma nova revelação da Natureza; e qualquer hipótese, por mais absurda e ilógica que fosse em seus detalhes, era preferível para a maioria à grandiosidade simples da verdade.

De um modo geral, todavia, e enquanto a sra. Blavatsky se tornava uma celebridade na Índia, suas relações com a sociedade européia se intensificaram e ela fez muitas amizades, obtendo diversos convertidos ardorosos a uma crença nos poderes ocultos, porém ela se tornou vítima inocente de animosidade amarga por parte de alguns novos conhecidos que, incapazes de compreender o que tinham visto em sua presença, adotaram uma atitude de descrença que se tornou inimizade completa à medida que toda a questão viu-se envolvida em uma nuvem de controvérsia mais ou menos agitada.

É desnecessário dizer que muitos dos jornais aproveitaram ao máximo toda a situação, ridicularizando a sra. Blavatsky e seus seguidores, distorcendo cada informação que surgia sobre seus fenômenos, e colocando-os na forma mais ridícula possível. A zombaria desse tipo já era naturalmente esperada pelos amigos ingleses que acreditavam nos poderes da sra. Blavatsky, e provavelmente nunca lhes causou um só instante de aborrecimento sério. Mas para a pessoa super-sensitiva e agitada que estava em foco isto foi um tormento indescritível, e com o tempo se tornou duvidoso se a paciência dela suportaria a tensão que lhe era imposta; se ela não abandonaria por completo a tarefa ingrata de induzir o mundo em geral a aceitar as dádivas que ela dedicara sua vida a oferecer. Por sorte até agora nenhuma catástrofe ocorreu, mas nenhuma história de Colombo acorrentado por ter descoberto o Novo Mundo ou de Galileu na prisão por anunciar os verdadeiros princípios da astronomia é mais notável para aqueles que conhecem todos os dados da situação na Índia em relação à Sociedade Teosófica do que a visão da sra. Blavatsky caluniada e ridicularizada pela maioria dos jornais anglo-indianos e mencionada como uma charlatã pela multidão comum, por ter livremente oferecido aos mesmos alguns dos frutos maravilhosos – tanto quanto as regras da grande associação oculta lhe permitiam oferecer – da luta de toda uma vida em que ela adquirira seu conhecimento extraordinário.

Apesar de tudo isso, no entanto, a Sociedade Teosófica permanece como aquela organização que fornece aos buscadores sedentos de conhecimento oculto um elo de comunicação, por tênue que seja, com a grande fraternidade oculta que se interessa por seu progresso e que é acessível a sua fundadora.

4. Fenômenos Ocultos Recentes

Foi por intermédio de minha ligação com a Sociedade Teosófica e meu relacionamento com a sra. Blavatsky que obtive experiências relacionadas ao ocultismo e que me levaram a escrever este livro. O primeiro problema que tive de solucionar era saber se a sra. Blavatsky realmente possuía o poder de produzir fenômenos anormais. É de imaginar que, aceitando a realidade de seus fenômenos, nada teria sido mais simples do que obter essa comprovação após eu ter travado conhecimento com ela. Trata-se no entanto de um exemplo dos obstáculos que cercam todas as indagações nesse sentido – obstáculos com os quais muitas pessoas se tornam impacientes, chegando a abandonar por completo tal indagação e a permanecer totalmente ignorantes da verdade pelo resto de suas vidas. Na ocasião em que travei conhecimento com a sra. Blavatsky ela foi minha hóspede em Allahabad e permaneceu em minha casa por seis semanas. O que consegui nesta ocasião foi muito pouco. Está claro que neste período ouvi falar muito sobre ela, sobre o ocultismo e os Irmãos, mas embora ela se mostrasse muitíssimo interessada em que eu compreendesse por completo a situação, e eu estivesse igualmente interessado em chegar à verdade, as dificuldades eram quase insuperáveis porque os Irmãos, como já descrevi, têm uma resistência invencível à demonstração.

O fato de que a pessoa deseja que eles demonstrem seu poder e seja uma buscadora séria da verdade, não estando governada por mera curiosidade ociosa, de nada adianta. Eles não querem atrair candidatos à iniciação através de uma exibição de fenômenos. Estas maravilhas causam um efeito muito animador na história de todas as religiões fundadas sobre milagres; mas o ocultismo não é atividade que as pessoas possam com segurança adotar a partir do entusiasmo criado pelo testemunho de uma demonstração de poder extraordinário. Não existe regra absoluta que proíba a demonstração de poderes na presença de estranhos, mas o fato é claramente desaprovado pelas autoridades superiores do ocultismo como questão de princípio e é praticamente impossível para os mestres menos elevados irem contra esta desaprovação. Foi somente no caso dos menores de todos os fenômenos imagináveis que durante a primeira visita feita à minha casa a sra. Blavatsky pôde fazer demonstrações livremente. Permitiram-lhe mostrar que "batidas" como aquelas que os espíritas atribuem à intervenção de espíritos podiam ser produzidas à vontade. Já era alguma coisa e – em falta de coisa melhor – demos grande atenção a tais batidas.

Os espíritas sabem que quando grupos de pessoas se sentam em torno de uma mesa e põem as mãos sobre ela ouvirão, se um "médium" estiver presente, de modo geral, pequenas batidas que respondem a perguntas e soletram mensagens. O círculo externo maior de pessoas que não acreditam em espiritismo se inclina a crer que todos os milhões de pessoas que ouvem são enganados no que tange a tal impressão. Deve ser às vezes difícil para eles explicar todo o amplo desenvolvimento da ilusão, mas qualquer teoria, na opinião deles, é preferível a reconhecer a possibilidade de que os espíritos de pessoas mortas possam comunicar-se desse modo; ou se adotarem o ponto de vista científico na questão, que um efeito físico por leve que seja possa ser produzido sem uma causa física. Tais pessoas deviam aceitar as explicações que estou dando agora e que tendem a mostrar que a teoria do auto-engano universal em relação às batidas ocultas deve ser destituída de sentido para todos, exceto algum opositor ridiculamente preconceituoso.

Pois bem, logo verifiquei que não apenas as batidas podiam sempre vir à mesa em que a sra. Blavatsky estivesse com a intenção de obter tais resultados, mas que todas as hipóteses concebíveis de fraude na questão eram rapidamente eliminadas por uma comparação das diversas experiências que pudemos efetuar. Para começar não havia necessidade de outras pessoas sentadas à mesa, em absoluto. Podíamos trabalhar com qualquer mesa em quaisquer circunstâncias ou até mesmo sem mesa. Uma vidraça serviria igualmente, ou então a parede, ou qualquer porta, ou qualquer coisa que pudesse emitir som, no caso, batida. Uma porta com painel de vidro e escancarada serviu certa vez como instrumento muito bom, porque era fácil colocar-me em frente à sra. Blavatsky nesse caso e ver-lhe as mãos nuas (sem qualquer anel nos dedos) apoiadas sem movimento no vidro e ouvir as pequenas batidas claramente como se fossem feitas com a ponta de um lápis ou com o som de centelhas elétricas passando de uma parte para outra de um aparelho elétrico. Outro modo muito satisfatório de obter as batidas – freqüentemente empregado durante a noite – consistia em colocar o vidro de um relógio grande sobre o tapete da lareira e fazer com que a sra. Blavatsky, depois de retirar todos os anéis dos dedos e sentando-se bem longe do vidro para que nenhuma parte do vestido o tocasse, pusesse as mãos nele. Pondo-se uma lâmpada no chão em frente e sentado sobre o tapete, podia-se ver as superfícies inferiores das mãos apoiadas no vidro e ainda mais, sob essas condições inteiramente satisfatórias as batidas vinham claras e distintas na superfície sonora do vidro.

Não estava ao alcance da sra. Blavatsky dar uma explicação exata sobre como tais batidas eram produzidas. Todos os esforços do poder oculto se ligam a algum segredo, e por leves que fossem, encaradas à luz dos fenômenos, tais batidas eram efeitos físicos produzidos por um esforço da vontade. O modo pelo qual a vontade pode ser treinada para produzir efeitos físicos também pode ser tão idêntico, em fenômenos grandes e pequenos, que é impossível, de acordo com as regras do ocultismo, dar explicações exatas sobre eles a pessoas não-iniciadas.

Porém o fato de que as batidas eram obedientes à vontade logo ficava além de qualquer dúvida, pelo seguinte motivo, entre outros: trabalhando com a vidraça ou o vidro do relógio, eu pedia que um nome fosse soletrado, mencionando algum ao acaso. Depois disso eu pronunciava o alfabeto e com as letras certas as batidas vinham. Ou eu pedia que um número definido de batidas se apresentasse e elas o faziam. Ou então uma série de batidas em alguma progressão rítmica definida, o que também ocorria. Isso não era tudo. A sra. Blavatsky às vezes punha as mãos ou apenas uma delas na cabeça de alguém e fazia com que as batidas viessem audivelmente para o ouvinte atento e de modo perceptível à pessoa tocada, que sentia cada pequenino choque exatamente como se estivesse recebendo centelhas do condutor de uma máquina elétrica.

Em etapa posterior de minhas investigações obtive batidas sob circunstâncias melhores do que essas – ou seja, sem contato entre os objetos nos quais eram produzidas e as mãos da sra. Blavatsky. Isso ocorreu em Simla no verão do ano passado (1880). Em Simla, a sra. Blavatsky costumava produzir as batidas sobre uma mesinha no meio de um grupo atento sem que qualquer um de nós a tocasse. Depois de carregar a mesa com alguma influência, apoiando as mãos sobre ela por momentos, ela mantinha uma das mãos a cerca de um palmo de distância e fazia passes mesméricos, a cada um dos quais a mesa produzia o som conhecido. Tampouco isso era feito apenas em nossa casa e com nossas mesas. O mesmo ocorria nas casas de amigos às quais a sra. Blavatsky nos acompanhava. E um outro acontecimento relativo ao experimento na cabeça foi o seguinte: verificamos ser possível que diversas pessoas sentissem simultaneamente a mesma batida. Quatro ou cinco pessoas costumavam às vezes pôr as mãos umas sobre as outras em cima de uma mesa e então a sra. Blavatsky punha a dela em cima da pilha e fazia com que uma corrente, ou seja lá o que produzia o som, passasse por toda a série de mãos, sentida por todos simultaneamente, e marcasse sua presença com um golpe na mesa sob as mãos. Qualquer um que já participou na formação de tal pilha de mãos deve sentir, quanto a algumas das hipóteses referentes às batidas que foram apresentadas nos jornais indianos por céticos radicais, no sentido de que as batidas são produzidas pelas unhas do polegar da sra. Blavatsky ou pelo estalar de alguma junta – que tais hipóteses são bastante idiotas.

Resumindo o argumento que usei em carta escrita na ocasião, temos o seguinte:

"A sra. Blavatsky põe as mãos sobre uma mesa e as batidas são ouvidas nessa mesa. Algum espertinho sugere que ela faz isso com as unhas dos polegares; ela põe apenas uma das mãos sobre a mesa, e as batidas continuam vindo. Será que ela esconde algum artifício sob a mão? Ela ergue a mão inteiramente, separando-a da mesa, e basta mantê-la no ar acima, e as batidas continuam chegando. Ela fez alguma coisa com a mesa? Ela põe a mão sobre uma vidraça ou uma moldura de quarto, em sucessão, e de cada uma por sua vez vêm as batidas misteriosas. A casa onde ela está com seus amigos foi, por acaso, toda ela preparada? Ela vai a meia dúzia de outras casas em Simla e produz batidas em todas elas. As batidas realmente vêm de algum lugar que não aquele de onde parecem vir – ou são talvez ventriloquismo? Ela põe a mão em sua cabeça e dos dedos imóveis você sente algo que se parece a uma série pequenina de choques elétricos, e um ouvinte atento ao lado ouvirá as pequenas batidas em seu crânio. Você está mentindo quando diz que sente os choques? Meia dúzia de pessoas põe as mãos uma sobre a outra empilhadas sobre a mesa; a sra. Blavatsky põe a mão dela sobre todas e cada pessoa sente as pequenas pulsações que passam e ouve que elas se registram em batidas leves sobre a mesa em que a pilha de mãos se apóia. Quando alguém viu todas essas experiências muitas vezes, como eu vi, que impressão se forma na mente da pessoa que diz que nada há de batidas mas sim conspiração – Maskelyne e Cooke podem fazer isso por dez libras por noite? Maskelyne e Cooke não podem fazer isso por dez libras por noite, nem por dez milhões por noite, sob as circunstâncias que descrevo".

As batidas, já enquanto as ouvia durante a primeira visita que a sra. Blavatsky nos fez em Allahabad, me deram a certeza completa de que ela tinha algumas faculdades de caráter anormal. E tal garantia dá credibilidade, que de outra forma eles não teriam, a um ou dois fenômenos diferentes que também ocorreram nessa época, cujas condições não foram completas o bastante para fazê-los registrar aqui. Mas era doloroso não conseguir chegar a qualquer proximidade de uma certeza absoluta no tocante às questões em que estávamos de fato interessados – quais sejam, saber se realmente existiam homens com os poderes maravilhosos atribuídos aos adeptos e se desse modo era possível a criaturas humanas obter conhecimento verdadeiro referente às características de sua própria natureza espiritual. Devemos lembrar que a sra. Blavatsky não pregava qualquer doutrina determinada quanto a isso. O que ela nos disse sobre os adeptos e sobre sua própria iniciação foi obtido após fazermos perguntas. A teosofia em que ela buscava interessar todos os amigos não proclamava qualquer crença taxativa na questão. Recomendava simplesmente a teoria de que a humanidade deve ser encarada como uma Fraternidade Universal e cada pessoa deve estudar a verdade no que tange às coisas espirituais, liberta de qualquer dogma religioso. Mas embora a atitude dela no que tange a toda a questão não a pusesse sob obrigação moral alguma de provar a realidade do ocultismo, sua conversa e seu livro *Ísis Sem Véu* revelavam uma visão das coisas que a pessoa naturalmente desejava aprofundar mais; e era estimulante sentir que ela podia e ao mesmo tempo não podia nos dar as provas finais que tanto desejávamos, que seu treinamento oculto realmente lhe dava um tipo de poder sobre as coisas materiais que, caso alguém pudesse sentir-se certo de que de fato era algo real, desmantelaria por completo os alicerces fundamentais da filosofia materialista.

Uma convicção que tínhamos havia sido inteiramente comprovada: a convicção da boa fé com que ela trabalhava. É desagradável reconhecer que isso possa ser questionado, mas foi feito na Índia de modo tão imprudente e cruel por pessoas que adotam uma atitude de hostilidade quanto às opiniões dela que seria artificial deixar a questão passar em branco. Por outro lado seria dar atenção demasiada a um ataque ignóbil examinar detalhadamente todas as comprovações de sua honestidade de caráter com as quais a minha intimidade com a sra. Blavatsky gradualmente me supriu. Em diversas ocasiões ela foi hóspede nossa por períodos que hoje somam mais de três meses em cerca de dois anos. Qualquer inteligência imparcial perceberá claramente que sob tais circunstâncias eu devo ser capaz de formar uma opinião melhor quanto ao verdadeiro caráter dela do que a que possa ser extraída de observações feitas por pessoas que talvez só a tenham encontrado uma ou duas vezes. Não estou, fique bem claro, atribuindo qualquer valor científico a esse testemunho como se ele desse crédito ao caráter anormal dos fenômenos que ela possa produzir. Diante do problema em jogo, isto é, a idoneidade das teorias fundamentais da ciência física moderna, é impossível prosseguir por qualquer outro modo de investigação que não seja o científico, e em todas as experiências que tentei sempre tive o cuidado de excluir não só uma probabilidade maior, mas toda possibilidade de subterfúgios, e, onde foi impossível obter as condições adequadas, não permiti que os resultados da experiência entrassem na soma total de minhas conclusões. Mas em seu devido lugar parece correto fazer apenas uma leve tentativa de corrigir o erro escandaloso que, (até onde o insulto e a calúnia possam causar malefício), foi cometido contra uma mulher de espírito muito elevado e perfeitamente honrada. Cabe registrar a certeza que tanto minha esposa quanto eu obtivemos com o tempo, de que a sra. Blavatsky é uma dama extremamente correta, que sacrificou não apenas sua posição social e fortuna como todos os pensamentos de bem-estar e conforto pessoal de qualquer tipo, graças ao entusiasmo pelos estudos do oculto, em primeiro lugar, e posteriormente à tarefa especial que empreendeu como iniciada, ainda que relativamente humilde, da grande fraternidade oculta que dirige a Sociedade Teosófica.[8]

Além da produção das batidas, outro fenômeno nos foi concedido durante a primeira visita da sra. Blavatsky. Tínhamos ido com ela a Benares por alguns dias e ficamos numa casa que nos foi emprestada pelo Marajá de Visianagram – uma habitação ampla, sem móveis e sem conforto pelos padrões europeus – em cujo salão central estávamos sentados uma noite após o jantar. De súbito, três ou quatro flores – rosas cortadas – caíram em nosso meio – exatamente como tais coisas às vezes acontecem na escuridão das reuniões espirituais, mas neste caso havia diversas lâmpadas e velas acesas no aposento. O teto do salão consistia simplesmente de travessas e tábuas sólidas e pintadas que davam apoio ao teto de cimento liso do edifício. O fenômeno foi inesperado – tão inesperado para a sra. Blavatsky como para nós próprios, segundo ela me disse, já que ela estava sentada em uma poltrona e lendo nesse momento – que perdeu parte do efeito que teria se estivéssemos atentos a ele. Se alguém nos dissesse momentos antes "agora algumas flores vão cair" de modo que pudéssemos erguer o olhar e vê-las surgindo repentinamente no ar acima das nossas cabeças, o efeito de um incidente tão completamente fora da ordem comum das coisas teria sido muito grande. Ainda assim, o incidente sempre foi para aqueles que o testemunharam uma das etapas em sua marcha para obter convicção sobre a realidade dos poderes ocultos. Não se pode esperar que as pessoas a quem só podemos relatá-lo confiem nele completamente, e naturalmente elas farão diversas perguntas sobre a construção do aposento, quem morava na casa, etc. E mesmo que todas as perguntas fossem respondidas, como poderiam ser, de um modo que pusesse fim a qualquer hipótese que explicasse a queda das flores por qual-

---

[8] Naquele tempo, os Adeptos dos Himalaias ou Mestres de Sabedoria participavam diretamente dos assuntos concretos do movimento teosófico. (N. ed. bras.)

quer subterfúgio, ainda assim reinaria uma desconfiança incômoda na mente do indagador quanto à integridade das explicações dadas. Talvez nem valesse a pena fazer tal registro do incidente se não fosse pela oportunidade que me proporciona de demonstrar que os fenômenos produzidos na presença da sra. Blavatsky não precisam forçosamente ser de sua própria autoria.

Passando agora a detalhes relacionados a alguns dos mistérios maiores do ocultismo, sinto-me oprimido pela dificuldade de chegar a uma declaração do que sei que são fatos – fatos tão absolutos quanto o de Charing Cross[9] – e que mesmo assim seja suficientemente gradual para não causar choque na compreensão das pessoas inteiramente desacostumadas a quaisquer fatos incomuns, em seu pensamento, no que tange aos fenômenos físicos. Mesmo assim é verdade que qualquer "Irmão", como os adeptos do ocultismo geralmente são designados, que tenha sido tomado pelo impulso de presentear o nosso grupo em Benares com a pequena surpresa descrita acima, podia estar no Tibete, no Sul da Índia ou em qualquer outra parte do mundo nessa ocasião e mesmo assim ser perfeitamente capaz de fazer com que as rosas tombassem como se ele estivesse presente no aposento em nossa companhia. Já me referi ao poder do adepto de deslocar-se "em espírito", como diríamos, ou "em corpo astral", como diria um ocultista, para qualquer lugar distante, no tempo de um relâmpago e quando quiser. Presente desse modo, ele pode exercer nesse local distante alguns dos poderes psíquicos que possui e de modo tão completo quanto pode exercê-los estando no corpo físico onde quer que possa se encontrar, no sentido comum da expressão. Não pretendo dar uma explicação sobre como ele produz este ou aquele resultado e nem por um só instante dou a entender que eu saiba como. Estou apenas registrando o fato comprovado de que vários resultados ocultos foram atingidos em minha presença e explicando-os com

---

[9] Praça Pública em Londres. (N. ed. bras.)

o que pude descobrir pessoalmente. De qualquer forma há muito que se tornou bem claro para mim que, onde quer que a sra. Blavatsky esteja, ali os Irmãos, estejam onde estiverem, podem produzir e constantemente produzem fenômenos dos tipos mais arrebatadores, com a produção dos quais ela própria tem pouco ou nada a ver. Na verdade, com relação a qualquer fenômeno ocorrido na presença dela, devemos lembrar que nunca se pode ter qualquer conhecimento preciso sobre a medida na qual os próprios poderes dela possam ter sido empregados ou em que medida ela possa ter sido "auxiliada", ou se ela não esteve completamente ausente da produção do resultado. As explicações precisas são de todo contrárias às regras do ocultismo que, devemos lembrar sempre, não está procurando convencer o mundo de sua existência, mas essa é outra questão. Qualquer pessoa que deseje conhecer a verdade como ela é realmente só pode adotar a posição de quem procura a verdade, e tal pessoa não é um juiz diante do qual o ocultismo vem se apresentar suplicando credibilidade. Assim sendo, é inútil entrar em debate sobre as observações que nós podemos fazer, afirmando que elas não são do tipo que mais gostaríamos. A questão é saber se elas proporcionam bases sobre as quais se possa apoiar conclusões sólidas.

E há outra consideração necessária sobre uma versão apropriada das observações que até agora pude fazer – isto é, sobre qualquer busca de prova de poder oculto em relação aos fenômenos físicos que, se não fosse por tal poder, seriam milagrosos. Posso provar que apesar da estupidez abjeta do argumento, muitas pessoas insistirão em que as experiências com as quais tive de lidar estão viciadas porque são fenômenos que apresentam certa semelhança superficial com os truques mágicos. É que isto advém do fato de que os truques mágicos visam todos atingir uma certa semelhança superficial com os fenômenos ocultos. Que qualquer leitor, seja qual for sua atitude em relação à questão, suponha por momentos ter motivos para conceber que haja uma fraternidade oculta manipulando poderes estranhos sobre as forças naturais e ainda desconhecidos da humanidade comum; que tal fraternidade esteja governada por regras que limitam a manifestação de tais poderes mas de modo algum a proíbem; e que ele depois peça que algumas provas comparativamente pequenas porém cientificamente convincentes lhe sejam concedidas como demonstração da realidade de uma parte, pelo menos, de tais poderes: verificará que é impossível propor qualquer dessas provas que não apresente certa semelhança superficial com um desses truques de magia, prestidigitação ou encantamento. Todavia isso não prejudicará forçosamente o valor da prova para as pessoas capazes de lidar com experimentos que não sejam superficiais.

A imensa diferença que pode realmente ser observada entre quaisquer dos fenômenos ocultos que terei de descrever logo e um truque de prestidigitação ou mágica se deve ao fato de que as condições são inteiramente diversas. Tal operador trabalha em seu próprio palco ou em aposento por ele preparado. Os mais notáveis fenômenos a que assisti na presença da sra. Blavatsky ocorreram fora, ao ar livre, em locais escolhidos fortuitamente nos bosques e colinas. O mágico é ajudado por qualquer número necessário de companheiros por trás do cenário. A sra. Blavatsky chega como forasteira a Simla, é hóspede em minha própria casa e fica sob minha própria observação durante toda a sua visita. O mágico é pago para cobrir as despesas da realização desta ou daquela ilusão dos sentidos. A sra. Blavatsky, como já expliquei, é uma dama de caráter honrado, que ajuda seus amigos – conforme o intenso desejo deles sempre que algum fenômeno é produzido – a ver alguma manifestação dos poderes para cuja aquisição (em vez de ganhar dinheiro com eles como o mágico) ela sacrificou tudo a que o mundo geralmente dá valor – posição e assim por diante, muitíssimo acima daquilo a que qualquer mágico ou qualquer impostor poderia aspirar. Perseguindo a sra. Blavatsky com desconfianças injuriosas, as pessoas que se ressentem da hipótese oculta estarão constantemente esquecendo os ditames do bom senso ao desprezar tais considerações.

No início de setembro de 1880, a sra. Blavatsky veio a Simla como nossa convidada, e no decurso das seis semanas seguintes diversos fenômenos ocorreram, e se tornaram motivo de conversa em toda a Índia inglesa por algum tempo, dando origem a alguns sentimentos agitados por parte das pessoas que adotavam calorosamente a teoria de que eram resultado de fraude. Logo se tornou evidente a nós que qualquer que fosse a natureza das restrições do inverno anterior em Allahabad que impediram que nossa convidada exibisse mais do que seus poderes menores, tais restrições mostravam-se agora menos presentes do que antes. Logo fomos apresentados a um fenômeno que não havia sido abordado antes. Mediante alguma modificação da força empregada para produzir o som de batidas sobre qualquer objeto, a sra. Blavatsky pôde produzir no ar, sem a intermediação de qualquer objeto sólido, o som de uma campainha de prata – às vezes um carrilhão de três ou quatro pequenas campainhas com notas diferentes.

Havíamos com freqüência ouvido falar de tais campainhas, porém jamais as tínhamos ouvido antes. Foram produzidas para nós pela primeira vez, uma noite após o jantar, enquanto seguíamos sentados em volta da mesa, diversas vezes no ar sobre nossas cabeças e, em um caso, em vez do som de uma só, vieram os carrilhões dos quais falo. Mais tarde eu os ouvi em uma série de ocasiões e em todos os tipos de lugares diferentes – ao ar livre e em casas diferentes onde a sra. Blavatsky ia de quando em vez. Assim como antes, com as batidas, não há no caso das campainhas uma hipótese que possa ser defendida por um seguidor da teoria da impostura sem que se desfaça ao se comparar as diversas ocasiões e condições nas quais eu as ouvi pessoalmente. Na verdade, a teoria da fraude no caso das campainhas só encontra apoio em uma conjetura muito estreita. Ao contrário do som de uma batida, que se fosse comum poderia ser produzido por muitos métodos diferentes – de modo que, para se ter certeza de que um som não é produzido por meios comuns, é preciso repetilo várias vezes em condições diferentes – o som de uma campainha só pode ser feito fisicamente de poucos modos. É preciso ter uma campainha ou algum objeto sonoro de natureza parecida a fim de produzi-lo. Pois bem, quando sentados em aposento bem iluminado e observando atentamente, temos o som de uma campainha acima de nossas cabeças, onde não existe campainha física alguma para emiti-lo – quais são as hipóteses que podem atribuir tal resultado a um truque? O som é realmente produzido fora do aposento por algum agente ou aparelhagem situada em outro aposento?

Em primeiro lugar, nenhuma pessoa dotada de raciocínio e que tenha ouvido isso apresentaria tal teoria porque o próprio som é incompatível com tal idéia. Ele nunca é alto – pelo menos jamais o ouvi alto – mas sim muito claro e notavelmente nítido. Se batermos de leve na borda de um copo fino de vinho tinto com uma faca podemos obter um som que seria difícil persuadir alguém de que veio de outro aposento; mas o som de campainhas ocultas é assim, só que mais puro e mais claro e sem qualquer subsom de dissonância, em absoluto. Independentemente disso, como eu disse, já ouvi o som no ar aberto produzido no céu e na tranqüilidade do anoitecer. Dentro de aposentos não foi sempre por cima das cabeças, porém às vezes lá no chão, entre os pés de um grupo de pessoas que o ouvia. Em outra ocasião, quando um som havia sido produzido duas ou três vezes na sala de estar da casa de um amigo onde todos havíamos jantado, um cavalheiro do grupo foi à sala de jantar, a dois aposentos de distância, a fim de apanhar um copo fino com o qual fizesse um som que as campainhas ocultas repetissem – uma forma conhecida da experiência. Enquanto ele próprio se achava nessa sala de jantar, ouvi um dos sons de campainha produzido perto dele, embora a sra. Blavatsky houvesse permanecido no outro aposento. Tal aspecto do fenômeno eliminava satisfatoriamente a teoria, em si própria absurda, de que a sra. Blavatsky levasse consigo alguma aparelhagem com a qual pudesse emitir esse som. Quanto à idéia de cumplicidade, ela é eliminada pelo fato de que repetidas vezes ouvi os sons quando caminhava ao ar livre ao lado da liteira da sra. Blavatsky, sem qualquer pessoa por perto senão os carregadores que a levavam.

Os sons de campainha não são meros exemplos das características das correntes postas em movimento para produzi-los. Funcionam de modo prático e direto, entre os ocultistas, como uma chamada de campainha telegráfica. Parece que entre ocultistas preparados, e quando a misteriosa ligação magnética foi estabelecida, é possível produzir os sons de campainhas a qualquer distância na vizinhança do iniciado cuja atenção desejam atrair. Ouvi repetidas vezes a sra. Blavatsky ser chamada desse modo quando nosso pequeno grupo se achava a sós à noite e quando estávamos todos lendo tranqüilamente. Um pequeno "ting" soava de repente, e a sra. Blavatsky se erguia e ia para o quarto a fim de tratar do assunto oculto que fosse o motivo da chamada. Um exemplo bastante interessante do som assim produzido por qualquer irmão-iniciado à distância foi proporcionado certa noite em tais circunstâncias. Uma senhora, hospedada em outra casa em Simla, havia jantado conosco quando por volta das onze horas recebi um bilhete de seu anfitrião, anexado a uma carta em que ele me pedia para fazer com que a sra. Blavatsky a enviasse por meios ocultos a certo membro da grande fraternidade a quem tanto ele quanto eu havíamos escrito. Explicarei de modo mais completo as circunstâncias dessa correspondência mais adiante. Estávamos todos aflitos por saber de imediato – antes que a senhora regressasse à colina, de modo que pudesse levar a resposta a seu anfitrião – se a carta podia ser enviada, porém a sra. Blavatsky declarou que seus próprios poderes não lhe permitiriam executar a tarefa. A questão era saber se uma certa pessoa, um irmão semidesenvolvido na vizinhança de Simla, poderia prestar a ajuda necessária. A sra. Blavatsky disse que veria se poderia "achá-lo", e com a carta nas mãos foi à varanda, para onde todos a acompanhamos. Apoiada na balaustrada e olhando para a vasta amplidão do vale de Simla, ela permaneceu por alguns minutos inteiramente imóvel, em silêncio, e nós fizemos o mesmo. A noite já estava bastante adiantada e todos os sons comuns haviam serenado, de modo que a tranqüilidade era perfeita. De súbito, no ar diante de nós soou a nota clara de uma campainha oculta.

"Está certo", gritou a senhora "ele a receberá". E a carta foi devidamente levada pouco depois, mas o fenômeno da sua transmissão será ainda melhor apresentado ao leitor em outros exemplos.

Chego agora a uma série de incidentes que mostram o poder oculto de um modo mais impressionante do que qualquer um dos que já descrevi. Para a mente científica, sem dúvida, a produção de sons por meio de uma força desconhecida da ciência comum deveria ser muito clara e bastar como prova de que o poder em questão é real, como os fenômenos mais sensacionais que têm a ver com a transmissão de objetos sólidos por intermediação oculta. O som só pode chegar a nossos ouvidos pela vibração do ar, e criar a menor ondulação desse ar por efeito de um pensamento parecerá tão impossível à mente comum como arrancar uma árvore, do mesmo modo. Mesmo assim existem graus diversos de assombro, que o sentimento reconhece, ainda que tais distinções sejam irracionais.

O primeiro incidente do tipo que agora abordo não será visto em si como prova completa de coisa alguma por um estranho. Eu o descrevo mais por causa de leitores que podem estar, mesmo que através de experiências espíritas ou de qualquer outro modo, atentos à possibilidade de fenômenos como tais e interessados em experiências que possam iluminar os processos envolvidos, mais do que em simples textos escritos. Um pouco mais bem controlada, a ocorrência que vamos examinar teria sido uma prova magnífica, porém a sra. Blavatsky, quando age sozinha em tais questões, mostra-se sempre a pior preparadora de testes que se pode imaginar. Sem simpatia alguma para com o temperamento materialista e incrédulo; empenhada por toda a vida no aperfeiçoamento entre os místicos asiáticos mais das faculdades criativas do que das faculdades críticas, ela jamais consegue entender as suspeitas complexas com que o observador europeu aborda o exame dos fenômenos em suas formas mais simples. O fenômeno maravilhoso, em formas tão estupendamente magníficas que quase escapam ao alcance das concepções comuns, tem sido o alimento diário de sua vida por muitos anos, e se torna fácil compreender que para ela a desconfiança fanática com que as pessoas comuns observam a menor manifestação da força oculta para descobrir falhas por meio das quais uma acusação de fraude possa ser apresentada, mostra-se tão cansativa e estúpida quanto um espírito excessivamente crédulo.

Por volta do final de setembro minha esposa saiu certa tarde com a sra. Blavatsky e foi para o alto de uma colina próxima. Tiveram a companhia de apenas uma outra amiga. Eu não estava presente nessa ocasião. No passeio, a sra. Blavatsky perguntou à minha esposa de modo brincalhão qual era o seu maior desejo. Esta disse ao acaso e no impulso do momento: "Receber um bilhete de um dos Irmãos". A sra. Blavatsky tirou do bolso um pedaço de papel rosa e sem escrita que fora rasgado de um bilhete recebido aquele dia. Dobrando-o até que formasse um pequeno volume, foi até o pé da colina, erguendo o papel por alguns momentos entre as mãos. Voltou depois de lá dizendo que o papel tinha ido. E logo depois de comunicar-se mentalmente por seus próprios métodos ocultos com o Irmão distante, disse que ele perguntava onde minha esposa gostaria de receber a resposta. De início ela disse que gostaria de vê-lo cair em seu colo, mas seguiu-se alguma conversa para saber se esse seria o melhor meio de receber a resposta e, por fim, foi decidido que ela o encontraria em determinada árvore. Aqui, está claro, foi cometido um engano, que abre a porta às desconfianças de pessoas resolutamente descrentes. Poderá supor-se que a sra.

Blavatsky tinha motivos próprios para desejar a árvore escolhida. Para os leitores que são a favor dessa suposição depois de tudo que foi dito antes, basta repetir que esse caso está sendo narrado não como prova mas como incidente.

De início a sra. Blavatsky parece ter cometido um erro quanto à descrição da árvore que o Irmão distante indicava como aquela em que ia colocar o bilhete e com alguma dificuldade minha esposa subiu ao galho mais baixo de um tronco nu e sem folhas sobre o qual nada pôde ser encontrado. Depois disso a sra. Blavatsky entrou novamente em comunicação com o Irmão e verificou seu engano. Em outra árvore a pouca distância, da qual nem a sra. Blavatsky nem a outra pessoa presente se haviam aproximado, minha esposa subiu um pouco e olhou em volta entre os ramos. De início nada viu, porém voltando a cabeça sem alterar a posição em que se achava viu em um galho logo diante do rosto – onde antes nada havia senão folhas – um pequeno papel de cor rosa. Estava enfiado no pedúnculo de uma folha que acabara de ser arrancada, pois o pedúnculo continuava verde e úmido – e não ressequido como teria sido se a folha houvesse sido arrancada anteriormente. Foi ali encontrado o bilhete contendo as seguintes palavras: "Pediram-me que lhe deixasse um recado aqui. O que posso fazer por você?" Era assinado por alguns caracteres tibetanos. O papel rosado sobre o qual se achava escrito parecia ser o mesmo que a sra. Blavatsky tirara do bolso pouco antes. Como tinha sido transmitido inicialmente ao Irmão que o escrevera e depois de volta ao topo de nossa colina? Para não falar do mistério de sua ligação com a árvore do modo como descrevi. Até onde posso formular conjecturas sobre essa questão seria prematuro apresentá-las em detalhes antes de eu entrar mais completamente nos fatos observados. De nada adianta examinar o modo como as asas de um peixe voador são feitas diante de pessoas que não acreditarão na realidade de que um peixe voe e se recusem a aceitar fenômenos não assegurados pela ortodoxia.

Chego agora aos fatos de um dia notável. Na véspera, devo explicar, partimos em pequena expedição que resultou em fracasso, embora, a não ser por alguns incidentes cansativos, pudesse ter levado, segundo o que mais tarde teríamos razão para crer, a alguns resultados muito interessantes. Erramos o caminho para um lugar do qual a sra. Blavatsky recebera descrição imperfeita – ou descrição que ela compreendeu de modo imperfeito – em conversa oculta com um dos Irmãos que passava então por Simla. Se houvéssemos seguido o caminho certo naquele dia poderíamos ter tido a boa sorte de encontrá-lo, pois permaneceu uma noite em certo templo tibetano antigo ou estalagem, como se vê muitas vezes pelos Himalaias, e que a apatia cega dos ingleses comuns leva a supor que não sejam de maior interesse ou importância. A sra. Blavatsky desconhecia por completo Simla, e o relato que nos deu do lugar onde queria ir levou-nos a pensar que se referia a um lugar diferente. Partimos pois e por bastante tempo a sra. Blavatsky declarou que devíamos estar indo na direção correta porque ela sentia certas correntes. Depois disso pareceu que a estrada que seguíamos e a direção que devíamos seguir coincidiram por boa distância, mas uma pequena divergência em determinado ponto do caminho nos levou a um conjunto inteiramente errado de trilhas de montanha. Com o tempo a sra. Blavatsky perdeu completamente a orientação: regressamos, e nós que conhecíamos Simla debatemos sua topografia e ficamos pensando onde poderia ser que ela queria ir, porém isso de nada valeu. Descemos uma encosta de morro onde a sra. Blavatsky declarou mais uma vez que sentia a corrente que faltara, porém as correntes ocultas podem fluir onde os viajantes não podem passar, e quando tentamos essa descida percebi que tudo era inútil. Depois de algum tempo a expedição teve de ser abandonada e voltamos para casa muito desapontados.

    O leitor pode perguntar por qual motivo o Irmão onisciente não percebeu que a sra. Blavatsky estava no rumo errado e não nos dirigiu corretamente. Eu digo que essa pergunta será feita porque sei a partir da minha própria experiência que as pessoas desacostumadas à questão não terão presentes as relações dos Irmãos conosco. Nesse caso, por exemplo, *não havia* uma situação em que o Irmão em questão estivesse querendo ansiosamente provar sua existência a um corpo de jurados de ingleses inteligentes. A nós é dado saber tão pouco sobre a vida diária de um adepto no ocultismo que nós, os não-iniciados, sabemos apenas pouquíssimo sobre os interesses que realmente lhe tomam a atenção; mas algo podemos saber: que a atenção dele está constantemente empenhada em interesses ligados à sua própria obra, e a satisfação da curiosidade sobre questões ocultas de pessoas que não são estudantes regulares do ocultismo não forma parte dessa obra, de modo algum. Ao contrário, a menos que haja condições muito excepcionais, ele está sempre proibido de fazer concessões de qualquer espécie a tal curiosidade. No caso em questão, o rumo dos acontecimentos provavelmente deve ter sido desse tipo: A sra. Blavatsky percebia por seus próprios meios ocultos que um de seus ilustres amigos se encontrava na vizinhança, pelo que imediatamente – tendo o desejo sincero de nos favorecer – pode ter-lhe perguntado se poderia levar-nos a vê-lo. Ele provavelmente encararia qualquer pedido desse tipo assim como o astrônomo real poderia encarar o pedido de um amigo que pretendesse levar um grupo de damas para olhar por seus telescópios; mesmo assim ele poderia dizer, para agradar seu "irmão" ainda incompleto no ocultismo, a sra. Blavatsky: "Muito bem, traga-os se quiser. Estou em tal ou qual lugar". E depois disso ele prosseguiria com seu trabalho, lembrando-se mais tarde que a visita pretendida não havia sido feita e talvez dirigindo sua percepção oculta no sentido das circunstâncias para verificar o que ocorrera.

Qualquer que tenha sido o caso, a expedição como inicialmente tínhamos planejado não surtiu resultado. Não foi com a esperança de ver o Irmão, mas seguindo o princípio geral de contar que alguma coisa acontecesse que providenciamos um piquenique no dia seguinte e em outra direção que, já que o primeiro caminho falhara, concluímos ser provavelmente aquela que devíamos ter tomado antes.

Partimos no momento marcado na manhã seguinte. De início deveríamos ter sido um grupo de seis pessoas, porém uma sétima veio juntar-se a nós antes de partirmos. Depois de descer a colina por algumas horas, encontramos um lugar no bosque próximo da cascata de cima, onde fizemos nossa refeição: as cestas que haviam sido trazidas por nós estavam ainda fechadas e, como de costume em um piquenique indiano, os servidores acenderam um fogo à pequena distância e se puseram a preparar chá e café. Foi quando surgiu algum comentário jocoso sobre o fato de que tínhamos uma xícara e um pires a menos, devido à sétima pessoa que viera ter conosco no início, e alguém perguntou rindo à sra. Blavatsky se podia criar outra xícara e outro pires. Não havia qualquer intenção séria de início, e quando a sra. Blavatsky disse que seria muito difícil, mas que se quiséssemos podia tentar, a atenção naturalmente foi despertada no mesmo instante. A sra. Blavatsky manteve conversa mental com um dos Irmãos e depois andou um pouco pelas vizinhanças imediatas de onde estávamos sentados – o que quer dizer dentro de um raio de seis a dez metros de nossa toalha de piquenique estendida no chão – observei atentamente para ver o que aconteceria. Depois disso ela marcou um lugar no chão e chamou um dos cavalheiros do grupo para trazer uma faca com que pudesse cavar. O lugar escolhido era a orla de uma pequena encosta coberta de ervas e grama espessas e vegetação arbustiva. O cavaleiro com a faca – vamos chamá-lo de sr. X – cortou os vegetais, inicialmente, com alguma dificuldade, já que as raízes eram duras e bem presas ao solo. Cortando essas raízes, cavando a terra com a faca e retirando os detritos com as mãos, ele chegou finalmente à borda de alguma coisa branca que, após o término da escavação, descobrimos ser a xícara desejada. Também um pires foi encontrado após um pouco mais de escavação. Os dois objetos se achavam entre as raízes que se estendiam por toda parte pelo chão de modo que parecia que as raízes haviam crescido em torno deles. A xícara e o pires correspondiam com exatidão em seu desenho e modelo aos que tinham sido trazidos ao piquenique e constituíam portanto uma sétima xícara e pires quando trazidos de volta onde estávamos para a refeição. Posso aliás acrescentar de imediato que depois, quando voltamos à casa, minha esposa perguntou à empregada principal quantas xícaras e pires daquele tipo possuíamos. No decurso dos anos, já que o conjunto era antigo, algumas se tinham partido, mas a empregada disse de imediato que restavam nove xícaras para chá. Quando reunimos e contamos, todos verificamos que o número estava certo sem levar em conta a xícara escavada. Com ela havia dez, e no que tange ao desenho, ele era de um tipo singular, adquirido muitos anos antes em Londres e certamente não se poderia encontrar igual em Simla.

Pois bem, a noção de que os seres humanos podem criar objetos materiais pelo exercício de simples força psíquica será, é claro, revoltante para as pessoas que consideram toda essa questão abstrusa. E tal idéia não será mais aceitável se dissermos que a xícara e o pires foram nesse caso "duplicados" em vez de criados. A duplicação de objetos parece apenas ser outro tipo de criação – criação de acordo com um desenho. No entanto as ocorrências da manhã que descrevi foram em todos os momentos exatamente como relatei. Tive toda a cautela de me ater à mais rigorosa e detalhada veracidade de cada detalhe. Se o fenômeno não foi o que nos pareceu ser – uma demonstração maravilhosa de um poder que o mundo científico moderno não compreende de modo algum – nesse caso foi claramente uma fraude complexa. Todavia tal suposição, além da impossibilidade moral de supor que a sra. Blavatsky fosse capaz de participar em tal impostura, será apenas mencionada de modo vago. Como alternativa para tal dilema esta suposição não servirá a pessoa alguma de inteligência comum e que percebe os fatos ou que acredita em minha afirmação sobre os mesmos. A xícara e o pires foram com certeza retirados da escavação, como escrevi.

Se eles não foram depositados por um agente oculto, deveriam ter sido enterrados anteriormente. Ora, eu já descrevi o tipo de solo de onde eles foram retirados; certamente esteve intacto durante anos devido à característica da vegetação que os envolvia. Mas seria possível pensar, num primeiro momento, que de uma outra parte do terreno em declive, uma espécie de túnel pudesse ter sido escavado e, através dele, a xícara e o pires terem sido colocados no local em que foram encontrados. Essa hipótese é dificilmente sustentável, considerando-se a sua inviabilidade física. Se o túnel fosse suficientemente grande, teria deixado vestígios que não estavam perceptíveis no solo – e que não foram descobertos mesmo quando o terreno foi pesquisado, logo depois, em função dessa hipótese. A verdade é que a teoria do sepultamento prévio dos objetos é insustentável tendo em vista o fato de que a busca da xícara e do pires – entre miríades de coisas que poderiam ser solicitadas – nunca poderia ter sido prevista. Ela foi provocada por circunstâncias que surgiram ao sabor do momento. Se nenhuma pessoa extra tivesse se juntado a nós no último minuto, o número de xícaras e de pires empacotados pelos criados teria sido suficiente para as nossas necessidades, e nenhuma atenção teria sido focada sobre eles. [Além disso] foram os criados, sem o conhecimento de qualquer um dos convidados, que escolheram as xícaras entre outras que também poderiam ter sido selecionadas.

Se a fraude do enterramento houvesse de fato sido perpetrada, teria sido necessário que fôssemos coagidos a escolher o ponto exato do piquenique, em função dos preparativos necessários, mas o local *exato* em que as liteiras das damas foram colocadas foi escolhido por mim mesmo de comum acordo com o cavalheiro a quem me referi acima como sr. X, e estava a poucos metros do local onde a xícara foi encontrada. Desse modo, deixando de lado os outros absurdos da hipótese de fraude, quem poderiam ser os agentes empregados para colocar a xícara e o pires sob o solo e quando executaram tal operação? A sra. Blavatsky estava sob o nosso teto todo o tempo na noite anterior quando o piquenique foi combinado. O criado pessoal que ela tinha consigo, um menino de Bombaim que desconhecia Simla completamente, estivera sempre na casa na noite anterior e desde o primeiro movimento matutino em toda a casa – e ocorreu que ele falou com meu próprio carregador no meio da noite, pois eu fora incomodado por uma porta batendo, que ficara aberta e que o vento fizera movimentar-se, tendo chamado criados a fim de fechá-la. A sra. Blavatsky, ao que parece, fora também despertada e mandara o criado que sempre dormia a pouca distância dela indagar o que ocorrera. O coronel Olcott, presidente da Sociedade Teosófica e também hóspede nosso na ocasião, certamente esteve conosco por toda a noite desde o período de que regressamos da expedição malograda à tarde e se achava presente ao início. Imaginar que ele houvesse passado a noite percorrendo seis a oito quilômetros numa descida de caminho difícil por meio de trilhas de floresta nada fáceis de encontrar a fim de enterrar uma xícara e um pires de um tipo que não nos inclinaríamos a levar a um lugar onde não deveríamos ir, para que em uma eventualidade inexcedivelmente remota isso fosse necessário para fazer uma fraude, seria certamente uma conjetura um tanto extravagante. Outra coisa a levar em conta é que o destino a que nos dirigíamos pode ser abordado por duas estradas vindas de extremos opostos na parte superior de montanhas, em forma de ferradura, sobre a qual Simla se encontra. Tivemos de escolher uma das trilhas, e por certo nem a sra. Blavatsky nem o coronel Olcott participaram da decisão de escolher a que seguimos. Houvéssemos partido na outra trilha, jamais teríamos chegado ao local onde na verdade fizemos o piquenique.

    A hipótese de fraude nesse caso é, como já disse, um desafio ao bom senso quando examinada de qualquer modo imaginável. A extravagância dessa explicação, além disso, será maior à medida que meu relato prossegue e que o incidente que acabei de relatar for comparado a outros que ocorreram mais tarde. Mas ainda não terminei de narrar os incidentes dessa manhã a respeito da xícara.

O cavalheiro chamado X estivera conosco por bastante tempo, durante uma ou duas semanas depois da chegada da sra. Blavatsky. Como numerosos amigos nossos, ele ficara muito impressionado por grande parte do que vira na presença dela. De modo especial chegara à conclusão de que a Sociedade Teosófica em que ela estava interessada exercia boa influência junto aos nativos, opinião que expressou mais de uma vez em linguagem bem cálida e na minha presença. Declarara sua intenção de participar nessa sociedade, como eu próprio fizera. Pois bem, quando a xícara e o pires foram encontrados, a maioria dos presentes, X entre eles, ficou muito impressionada e na conversa seguinte surgiu a idéia de que X poderia oficialmente tornar-se membro da Sociedade ali mesmo. Eu não teria participado dessa sugestão – acredito que ela tenha partido de mim – se X não houvesse com toda a calma resolvido, ao que percebi, tornar-se membro da Sociedade; era além disso uma decisão que não acarretava quaisquer responsabilidades e indicava apenas a solidariedade com a procura do conhecimento oculto e uma adesão geral às doutrinas filantrópicas amplas de sentimentos fraternos para com toda a humanidade, independentemente de raça ou credo. Isso precisa ser explicado diante de algumas contrariedades pequenas que se seguiram.

O propósito de que X devesse ali mesmo juntar-se de modo oficial à Sociedade foi algo com que ele estava pronto a concordar, mas eram necessários alguns documentos – um diploma oficial que é dado a qualquer membro novo logo após sua iniciação e certas pequenas formas maçônicas de reconhecimento adotadas pela Sociedade. Como poderíamos obter um diploma? Está claro que para o grupo ali presente uma dificuldade desse tipo era apenas outra oportunidade para o exercício dos poderes da sra. Blavatsky. Ela podia fazer com que um diploma nos fosse trazido por "mágica"?

Após uma conversa oculta com o Irmão que se interessara por nossos trabalhos, a senhora nos disse que o diploma estaria vindo. Descreveu o aspecto que teria – um rolo de papel amarrado com uma quantidade enorme de cordão e envolto nas folhas de uma planta trepadeira. Devíamos encontrá-lo no bosque onde estávamos e todos podíamos procurá-lo, mas seria endereçado a X, que o encontraria. E assim partimos, todos procurando em meio aos arbustos ou nas árvores, onde quer que a fantasia nos levasse a olhar, e foi X quem encontrou esse rolo, preparado como descrevi.

A essa altura havíamos feito a refeição. X foi oficialmente "iniciado" como membro da Sociedade pelo coronel Olcott, e após algum tempo mudamos para outro lugar mais baixo no bosque, onde havia um pequeno templo tibetano ou casa de descanso em que o Irmão que estivera de passagem por Simla – de acordo com o que a sra. Blavatsky nos disse – passara a noite anterior. Entretivemo-nos examinando o pequeno edifício por dentro e por fora, "tomando banho no magnetismo bom", como disse a sra. Blavatsky, e depois, deitados na grama lá fora, ocorreu a alguém que queríamos mais café. Os criados receberam ordens para prepará-lo, mas foi verificado que haviam usado toda a nossa água. A água que é encontrada nas correntes perto de Simla não é potável e por isso costuma-se levar para um piquenique água limpa e filtrada em garrafas. Ao que se verificou, todas as garrafas em nossas cestas estavam vazias. Tal informação foi logo comprovada pelos criados, que nos mostraram as garrafas vazias. Só restava mandar buscar a água em uma cervejaria, o edifício mais próximo, a cerca de dois quilômetros. Escrevi um bilhete a lápis e um servidor partiu com as garrafas vazias. Passou-se algum tempo e ele regressou, para nosso desagrado, sem a água. Não encontrara qualquer europeu na cervejaria aquele dia (era domingo) para ler o bilhete e limitara-se a voltar estupidamente com as garrafas vazias sob o braço em vez de perguntar e descobrir alguém capaz de fornecer a água pedida.

Nesse momento nosso grupo se achava um tanto disperso. X e um dos outros cavalheiros se tinham afastado. Nenhum dos restantes no grupo contava com novos fenômenos quando a senhora Blavatsky de repente se ergueu, foi ter às cestas a uns quinze metros de distância, apanhou uma garrafa – uma daquelas, segundo creio, que tinham sido trazidas de volta pelo servidor, e regressou a nós mantendo-a oculta sob a dobra do vestido. Apresentou-a, então, com risos, e verificamos que estava cheia de água. Coisa idêntica a um truque de prestidigitador, dirá alguém? Exatamente, a não ser pelas condições. Para um tal truque de prestidigitação o operador define o que vai ser feito. Nesse caso a necessidade de água fora tão imprevisível logo de início quanto a necessidade de mais uma xícara e pires. O acaso que deixara a cervejaria abandonada por seus europeus e o outro acaso de que o servidor que havia sido enviado para buscar essa água fosse tão anormalmente estúpido a ponto de voltar sem a água porque não encontrara um europeu para ler o meu bilhete foram casualidades que no entanto criaram a oportunidade de obter a água por intervenção oculta, o que, de outra forma, não seria possível. E tais casualidades vinham em seguida ao principal, por si só improvável, o fato de que nossos criados nos acompanharam com suprimentos insuficientes. Que alguma garrafa com água pudesse ter ficado despercebida no fundo da cesta é sugestão que não acredito que pessoa alguma pudesse apresentar, pois os criados haviam sido incriminados por não trazer o bastante, eles haviam esvaziado por completo as cestas, e nós não tínhamos aceito a situação até ficarmos plenamente convencidos de que realmente não restava água alguma. Além disso eu provei a água na garrafa que a sra. Blavatsky apresentou e era não apenas do mesmo tipo daquela que vinha de nossos próprios filtros: era água com gosto de terra, diversa daquela que abastece a Simla moderna porém igualmente diversa, ao que posso acrescentar, da água desagradável e de cor estranha do único córrego que passa por aquelas matas.

Como a coisa aconteceu? Esse *como,* certamente, é o grande mistério que sou incapaz de explicar a não ser em termos gerais, mas a impossibilidade de compreender o modo pelo qual os adeptos manipulam a matéria é uma coisa; a impossibilidade de negar que eles a manipulam de uma maneira que a ignorância ocidental descreveria como miraculosa, é outra. A questão é se podemos ou não explicá-la. O ditado bruto e popular de que não se pode arrancar a perna de uma vaca com palavras incorpora uma reflexão que nossos céticos prudentes, que agora estou enfrentando, têm forte tendência a esquecer. Não se pode por argumentação desfazer um fato afirmando que ele devia ser algo diferente do que é. Menos ainda podemos eliminar com debates um acúmulo de fatos como aqueles que estou registrando, com base em uma série de hipóteses extravagantes e contraditórias sobre cada um. O que o incrédulo radical esquece freqüentemente é que o ceticismo que até certo ponto pode demonstrar uma agudeza de espírito também revela uma inteligência deficiente quando insiste diante de certos tipos de provas.

Lembro-me, quando o fonógrafo foi inventado, de um funcionário oficial a serviço do Governo Indiano que me mandou um artigo por ele escrito sobre os primeiros relatos recebidos sobre esse instrumento – a fim de provar que a história devia ser falsa porque o instrumento descrito era cientificamente impossível. Ele calculara a freqüência das vibrações necessárias para reproduzir os sons e assim por diante e de modo muito inteligente argumentava que o resultado alegado era inatingível. Mas quando a seu devido tempo os fonógrafos foram importados para a Índia, ele não continuou a dizer que eram impossíveis e que devia haver um homem trancado em cada máquina, embora ali parecesse não caber esse homem. Tal é a atitude das pessoas tanatizados que superam a dificuldade de compreender a produção de fenômenos ocultos e espirituais negando, diante da experiência palpável de milhares de pessoas – e diante de estantes cheias de livros que eles não lêem – que tais fenômenos ocorram na verdade.

Devo acrescentar que o sr. X mais tarde mudou de idéia quanto ao caráter satisfatório do fenômeno da xícara e disse que era inválido como uma prova científica pela interposição da teoria de que a xícara e o pires poderiam ter sido enfiados no chão por meio de um túnel aberto a partir de uma parte mais baixa da encosta. Já examinei essa hipótese e mencionei o fato da mudança de opinião do Sr. X, que não afeta quaisquer das circunstâncias por mim narradas, simplesmente para evitar a possibilidade de que os leitores que possam ter sabido do fenômeno em Simla em outras páginas possam achar que eu estava vendo sua mudança de opinião no assunto como algo que valesse a pena disfarçar. Na verdade a convicção que finalmente adquiri é resultado de vivências acumuladas que ainda tenho que relatar, de modo que não posso dizer até que ponto minha própria certeza em relação à realidade do poder oculto se apóia em quaisquer dos exemplos a que assisti.

Foi no final do dia do fenômeno com a xícara que ocorreu um incidente destinado a se tornar assunto de discussão muito ampla em todos os jornais anglo-indianos. Trata-se do célebre "incidente do broche". Os fatos foram relatados na época em uma pequena declaração preparada para publicação e assinada pelas nove pessoas que os testemunharam. Tal declaração será apresentada diretamente ao leitor, mas como ela é simples demais para transmitir uma idéia completa e precisa do que ocorreu, descreverei os acontecimentos com um pouco mais de detalhes. Ao fazê-lo posso usar nomes com certa liberdade, uma vez que os mesmos estavam presentes no documento publicado.

Nós, isto é, minha esposa, eu próprio e nossos hóspedes, havíamos subido até a colina para jantar de acordo com o acertado previamente, em companhia do sr. e da sra. Hume. Jantamos, um grupo de onze pessoas em torno de uma mesa redonda. A sra. Blavatsky, sentada ao lado de nossa anfitriã, cansada e desanimada como se achava, parecia invulgarmente calada. Durante o início do jantar ela mal disse uma palavra, e o sr. Hume conversava principalmente com a senhora que estava do outro lado. É um hábito comum às mesas de jantar indianas haver pequenos recipientes metálicos aquecedores, com água quente diante de cada convidado, sobre os quais cada prato servido permanece enquanto está sendo usado. Tais aquecedores foram usados na noite que descrevo e sobre o seu aquecedor – em intervalo durante o qual os pratos haviam sido retirados – a sra. Blavatsky estava distraidamente aquecendo as mãos. Pois bem, a produção das batidas e dos toques de campainha da sra. Blavatsky que havíamos observado algumas vezes pareciam mais fáceis e seus efeitos melhores, quando suas mãos haviam sido aquecidas desse modo; pelo que alguém, vendo que ela se empenhava em aquecer as mãos, lhe fez alguma pergunta mencionando os fenômenos. Eu estava muito longe de esperar qualquer coisa desse tipo aquela noite, e a sra. Blavatsky estava igualmente longe de pretender fazer ela própria qualquer coisa ou esperar qualquer demonstração por parte de um dos Irmãos. Desse modo, apenas como brincadeira, quando lhe perguntaram por que aquecia as mãos, ela nos convidou a todos para que o fizéssemos também a fim de ver o que aconteceria. Algumas das pessoas presentes realmente o fizeram, trocando entre si algumas palavras de bom-humor. Foi quando a sra. Hume deu uma risadinha, erguendo as mãos e dizendo: "Eu já aqueci as mãos, o que acontece agora?" Pois bem, a sra. Blavatsky, como já disse, não estava sequer com estado de espírito para desempenhos ocultos, de modo algum, mas parece, pelo que fiquei sabendo mais tarde, que exatamente nesse instante ou imediatamente antes, ela percebeu, por aquelas vias das quais a humanidade em geral não tem conhecimento, que um dos Irmãos se achava presente em corpo astral e invisível para nós no aposento. Foi seguindo as indicações dele, portanto, que ela agiu no que veio a seguir: está claro que ninguém sabia na ocasião que ela recebera qualquer impulso externo. O que ocorreu foi simplesmente o seguinte: quando a sra.

Hume disse o que transcrevi acima e deu sua risadinha, a sra. Blavatsky estendeu a mão na direção da pessoa sentada entre ela e a sra, Hume e tomou uma das mãos da dama, dizendo: "Pois bem, quer alguma coisa em particular?" ou uma frase semelhante. Não posso repetir as frases exatas que foram proferidas e tampouco posso dizer agora com exatidão o que a sra. Hume respondeu em primeiro lugar antes de compreender inteiramente a situação; mas isso ficou bem claro em poucos minutos. Algumas das outras pessoas presentes, tendo-se antecipado, exclamaram: "Pense em alguma coisa que você gostaria que lhe fosse trazida; qualquer coisa que você queira, não por algum motivo mundano: existe alguma coisa que você pode pensar e que seja muito difícil de obter?" As sugestões desse tipo foram as únicas feitas no curto intervalo transcorrido entre a observação feita pela sra. Hume sobre ter aquecido as mãos e a indicação feita por ela da coisa em que pensava. Ela disse então que pensara em algo. De que se tratava? Um velho broche que sua mãe lhe dera muito tempo antes, e que ela perdera.

Muito bem, quando esse broche, que foi afinal recuperado por meios ocultos, como o resto de meu relato mostrará, passou a ser tema de conversa, as pessoas disseram: "Está claro que a sra. Blavatsky levou a conversa à coisa escolhida e que ela a providenciara antes para poder apresentar". Eu descrevi *toda a* conversa que ocorreu sobre o assunto, antes que o broche fosse mencionado. Não houve conversa alguma sobre o broche ou qualquer outra coisa desse tipo. Cinco minutos antes do broche ser mencionado não houvera qualquer idéia na mente de pessoa alguma presente de que qualquer fenômeno como encontrar um artigo perdido, ou de qualquer outra espécie, na verdade, iria ocorrer. Tampouco enquanto a sra. Hume pensava sobre as coisas que poderia pedir ela deu qualquer indicação verbal que mostrasse a direção de seus pensamentos.

A partir deste ponto, a narrativa publicada na época descreve bem os fatos, e com uma simplicidade que ajudará o leitor a compreender toda a situação. Eu a reproduzo aqui na íntegra.

"No domingo, três de outubro, na casa da sra. Hume, em Simla, estavam presentes ao jantar o sr. e a sra. Hume, o sr. e sra. Sinnett, a sra. Gordon, o sr. F. Hogg, o capitão P. J. Maitland, o sr. Beatson, o sr. Davidson, o coronel Olcott e a sra. Blavatsky.

A maioria dos presentes havia assistido recentemente a muitas ocorrências notáveis na presença da sra. Blavatsky, e a conversa se voltou para fenômenos ocultos. A sra. Blavatsky perguntou à sra. Hume se havia alguma coisa que ela desejasse de modo especial. A sra. Hume de início hesitou, porém logo depois disse que havia algo que gostaria muitíssimo que lhe fosse trazido; um pequeno artigo de joalheria que ela possuíra antes, mas que dera a uma pessoa que por sua vez o perdera. A sra. Blavatsky disse então que se ela fixasse a imagem do artigo em questão de modo muito definido na mente, ela, a sra. Blavatsky, se esforçaria por obtê-lo. A sra. Hume disse então que se lembrava com grande precisão do objeto e o descreveu como um antigo broche de peito, orlado por pérolas, tendo vidro na frente e o fundo feito para conter fios de cabelo. Em seguida, sendo-lhe pedido, fez um desenho aproximado do broche. A sra. Blavatsky envolveu então uma moeda presa à sua corrente do relógio em dois papéis de cigarro e a colocou no vestido, e disse que contava que o broche pudesse ser obtido no curso da noite. Ao final do jantar ela disse ao sr. Hume que o papel em que a moeda fora embrulhada tinha desaparecido. Pouco depois, na sala de estar, ela disse que o broche não seria trazido à casa, mas que deveria ser procurado no jardim, pelo que todo o grupo foi até lá em sua companhia, tendo ela dito que por clarividência vira o broche cair em um canteiro que tinha forma de estrela. O sr. Hume foi à frente na direção de tal canteiro, que ficava em ponto mais distante do jardim. Uma busca prolongada e cuidadosa foi feita com lanternas e finalmente um pequeno pacote, feito com dois papéis de cigarro, foi encontrado entre as folhas pela sra. Sinnett. Ao ser aberto, de *imediato, descobriu-se que continha um broche correspondendo exatamente à descrição anterior, e que a sra. Hume identificou como o que perdera antes. Ninguém no grupo, com exceção do casal Hume, havia sequer visto ou ouvido falar no broche. O sr. Hume não pensava nele havia anos. A sra. Hume jamais falara nele com pessoa alguma desde que o perdera e tampouco pensara no assunto por muito tempo. Ela própria declarou, após ter sido encontrado, que foi somente quando a sra Blavatsky lhe perguntou se havia alguma coisa que gostaria de ter que a imagem desse broche, dado por sua mãe, lhe passara pela mente.*

A sra. Hume não é espírita, e até o momento da ocorrência descrita não acreditava sequer em fenômenos ocultos ou nos poderes da sra. Blavatsky. A convicção de todos os presentes foi a de que o acontecimento foi absolutamente inatacável, como prova da possibilidade de fenômenos ocultos. O broche é fora de dúvida aquele que a sra. Hume perdeu. Mesmo supondo, o que é praticamente impossível, que o objeto perdido meses antes que a sra. Hume tomasse conhecimento da existência da sra. Blavatsky, pudesse ter passado de um modo natural à posse da sra. Blavatsky, mesmo então ela não teria podido antever que seria o artigo pedido pela anfitriã. A própria sra. Hume não pensava nele havia meses".

Tal narrativa, lida para todos os presentes, é assinada por:

A. O. Hume
M. A. Hume
Fred R. Hogg
A. P. Sinnett
Patience Sinnet

Alice Gordon
P. J. Maitland
Wm. Davidson
Stuart Beatson

É desnecessário dizer que, quando este relato foi publicado, as nove pessoas mencionadas acima se viram objeto de ondas de ridículo cujo efeito, todavia, não serviu em um só caso para modificar, em grau mínimo que fosse, a convicção que suas assinaturas atestavam na ocasião, no sentido de que o incidente relatado era prova perfeitamente concludente da realidade do poder oculto. Torrentes de crítica mais ou menos tola foram dirigidas à questão para mostrar que todo o desempenho tinha sido um truque, e para muitas pessoas na Índia sem dúvida a sra. Hume foi astuciosamente levada a pedir aquele artigo determinado a partir de certa conversa preliminar sobre um fato que a sra. Blavatsky havia planejado provocar naquela casa. Outra opinião que se formou dentro de certo setor do público indiano era de que o broche que, ao que parece a sra. Hume havia dado à filha e que esta perdera, deve ter sido obtido junto àquela jovem senhora cerca de um ano antes, quando passara por Bombaim onde a sra. Blavatsky estava hospedada, a caminho da Inglaterra. O depoimento da jovem no sentido de que perdera o broche antes de ir para Bombaim ou antes mesmo de haver visto a sra. Blavatsky é um pequeno indício dessa hipótese que seus forjadores não pretendem investigar melhor. As pessoas que pensam que o fato de que o broche pertencera à filha da sra. Hume e de que esta jovem certa vez vira a sra. Blavatsky em Bombaim é suficientemente "suspeito" para anular o efeito de todo incidente descrito acima, tampouco tentam jamais – até onde percebi – identificar uma corrente coerente de acontecimentos que ilumine suas desconfianças ou compará-las com as circunstâncias da recuperação verdadeira do broche. Todavia nenhuma cautela para perceber as circunstâncias de uma demonstração oculta de modo que se elimine a possibilidade de fraude e engano é suficiente para excluir esta acusação mais tarde por pessoas para quem qualquer argumentação, por mais ilógica que seja, é suficiente para atacar uma idéia nova.

No que se refere aos testemunhos sobre o fenômeno do broche, as condições foram tão perfeitas que quando as testemunhas conjecturavam sobre as objeções que poderiam ser levantadas pelo público quando a história fosse contada, não conseguiram antever quaisquer das objeções realmente apresentadas depois – a teoria de levar as pessoas na conversa e a teoria sobre a srta. Hume ter entregue o broche à sra. Blavatsky.

Elas sabiam que não tinha havido conversa alguma sobre o broche ou sobre qualquer outro fenômeno proposto; que a idéia de obter algo que a sra. Hume viesse a pedir surgiu em algum momento e quase imediatamente em seguida o broche foi mencionado. Quanto à srta. Hume ter inconscientemente contribuído para a produção do fenômeno, não ocorreu às testemunhas que isso viesse a ser sugerido, porque não podiam prever que pessoa alguma fosse tão tola a ponto de fechar os olhos às circunstâncias importantes, concentrando toda sua atenção em um aspecto inteiramente secundário. Como diz o próprio testemunho escrito, mesmo supondo – o que é praticamente impossível – que o broche pudesse ter passado à posse da sra. Blavatsky de um modo natural, essa não poderia de modo algum ter previsto que ele seria mais tarde pedido a ela.

As únicas conjeturas que as testemunhas podiam estruturar para explicar com antecedência o resultado razoavelmente certo de que o público em sua maioria se recusaria a acreditar no incidente do broche foram as de que elas, as testemunhas, poderiam ser acusadas de desvirtuar alguns fatos e omitir outros; que poderiam anular o significado do evento diante da inteligência superior dos seus críticos ou que a sra. Hume fosse acusada de cumplicidade. Pois bem, esta última conjetura, que certamente ocorrerá aos leitores na Inglaterra, seria vista pelas outras pessoas envolvidas no incidente como um dos resultados mais divertidos de todo o evento. Sabemos todos que a sra. Hume não tem qualquer inclinação a cumplicidades e é moralmente incapaz de cometer a perfídia que assim lhe seria atribuída.

A certa altura dos trabalhos, além disso, havíamos levado em conta a questão de saber até que ponto as condições do fenômeno eram satisfatórias. Com o tempo, muitas vezes haviam sido encontrados defeitos nos fenômenos da sra. Blavatsky por motivo de algum fator nas condições que não tinha sido pensado antes. Por isso um de nossos amigos na ocasião que descrevo sugerira, após nos termos levantado da mesa de jantar, que antes de darmos mais qualquer passo todo o grupo deveria de modo geral dar sua opinião dizendo, caso o broche pudesse ser obtido, se o fato seria ou não uma prova satisfatória da intermediação oculta na questão. Examinamos o assunto com muito cuidado, e todos chegamos à conclusão de que a prova seria absolutamente completa e que não havia um só ponto fraco no encadeamento da argumentação. Foi após isso que a sra. Blavatsky declarou que o broche seria trazido ao jardim e que podíamos sair e procurá-lo.

Uma circunstância interessante para aqueles que já observaram alguns dos outros fenômenos que descrevi foi a seguinte: o broche, como disse antes, foi encontrado envolto em dois papéis de cigarro e estes, quando examinados à plena luz, ostentavam ainda a marca da moeda presa à corrente de relógio da sra. Blavatsky e que fora enrolada nesses papéis antes de partirem em sua missão misteriosa. Eles foram identificados pelas pessoas que haviam vencido a primeira dificuldade estupenda de acreditar na possibilidade de transportar objetos materiais por intermediação oculta: os mesmos papéis que nós havíamos visto à mesa de jantar.

A transmissão oculta de objetos a uma distância, não sendo considerada "mágica" como os leitores ocidentais entendem a palavra, pode ser parcialmente explicada mesmo para leitores comuns para quem as forças ocultas usadas devem continuar parecendo inteiramente misteriosas. Não se afirma que a corrente astral é utilizada para transportar os corpos em uma massa sólida assim como eles existem para os sentidos. O corpo a ser transmitido é antes desintegrado, transportado na corrente astral em partículas infinitamente diminutas e depois reintegrado em seu lugar de chegada. No caso do broche, a primeira coisa a ser feita deve ter sido encontrá-lo. Todavia, isso seria apenas um ato de clarividência e o *rastro* do objeto, por assim dizer, deve ter sido seguido desde a pessoa que falou nele e o possuíra antes – e não existe clarividência conhecida no mundo ocidental que seja comparável à clarividência de um adepto no ocultismo. Tendo sido descoberto o lugar em que estava, o processo de desintegração deve ter entrado em cena, e o objeto desejado deve ter sido transportado ao lugar que o adepto escolheu para seu depósito. A parte desempenhada no fenômeno pelos papéis de cigarro seria a seguinte: para ser possível encontrar o broche era necessário ligá-lo por um *rastro* oculto à sra. Blavatsky. Os papéis de cigarro que ela sempre carregava consigo estavam impregnados com o seu magnetismo e, tirados dela pelo Irmão, deixavam uma trilha oculta atrás de si. Envoltos em torno do broche, eles conduziam essa trilha ao local indicado.

A magnetização dos papéis de cigarro que sempre trazia consigo capacitou a sra. Blavatsky a executar um pequeno fenômeno, considerado por todos para quem foi executado uma prova inexcedivelmente completa; embora também aqui a semelhança superficial da experiência com um truque de prestidigitação desorientasse as pessoas comuns que liam sobre os incidentes referidos nos jornais. O fenômeno em si pode ser examinado de modo mais conveniente pela citação de três cartas publicadas no *Pioneer* do dia 23 de outubro, como segue:

"SENHOR: O relato da descoberta do broche da sra. Hume atraiu diversas cartas e muitas perguntas foram feitas, algumas das quais poderei responder em ocasião futura, mas acredito ser correto contribuir primeiramente com mais testemunhos aos poderes ocultos possuídos pela sra. Blavatsky. Ao me apresentar assim ao público devo estar preparada para enfrentar o ridículo, mas trata-se de uma arma que nós, conhecedores de algo dessas questões, podemos muito bem desdenhar. Na última quinta-feira, ao redor das dez horas e meia, eu estava sentada na sala da sra. Blavatsky conversando com ela e de um modo casual perguntei-lhe se poderia me mandar alguma coisa por meios ocultos quando eu regressasse à minha casa. Ela disse 'Não'; e me explicou algumas das leis dentro das quais ela opera. Uma delas é que ela deve conhecer o lugar e ter estado lá – quanto mais recentemente

melhor – a fim de estabelecer uma corrente magnética. Depois disso relembrou que estivera lá aquela manhã e após refletir por momentos lembrou-se qual era essa casa que havia visitado.[10] *Ela disse que podia mandar um cigarro para lá se eu fosse imediatamente verificar o fato. E eu concordei, naturalmente. Devo mencionar aqui que a vira fazer esse tipo de coisa antes; e o motivo que ela apresenta para enviar cigarros é que o papel e o fumo que sempre tem consigo estão altamente magnetizados e portanto são mais sensíveis ao seu poder, que ela declara enfaticamente não ser sobrenatural, porém apenas uma manifestação de leis que nos são desconhecidas. Dando prosseguimento ao meu relato: ela tirou um papel de cigarro e vagarosamente lhe cortou uma ponta em forma de ziguezague, sem que eu por um só instante deixasse de examinar o que ela estava fazendo. Deu-me então esse canto de papel, que no mesmo instante coloquei dentro de um envelope, e esse jamais deixou de estar em minha posse, eu o afirmo. Fez então o cigarro com o restante do papel e depois declarou que ia tentar uma experiência que talvez não desse certo, mas cujo fracasso não seria de qualquer conseqüência para mim. Em seguida e de modo decidido colocou esse cigarro ao fogo, e eu o vi queimar. Logo em seguida parti para a casa do cavalheiro, quase sem acreditar que encontraria no lugar por ela indicado a contrapartida do papel de cigarro que tinha comigo; mas lá estava ele, e na presença do cavalheiro e de sua esposa abri o cigarro e verifiquei que o pedaço trazido comigo se ajustava a ele com perfeição. Seria inútil tentar explicar qualquer teoria em relação a tais fenômenos e seria irracional querer que alguém acreditasse neles, a menos que por sua própria vivência houvesse comprovado a possibilidade de tais fatos maravilhosos. Tudo quanto se pede ou espera é que alguns dos membros mais inteligentes da comunidade possam ser leva-*

---

[10] Essa casa em que o cigarro foi encontrado era a do sr. O'Meara. E ele concordou plenamente com que isto fosse declarado. (N. ed. ing.).

dos a ver a vasta quantidade de provas agora acumulada em relação aos fenômenos que ocorrem por toda a Europa e América. A mim parece uma pena que a maioria permaneça em tamanha ignorância desses fatos; está ao alcance de qualquer pessoa que visite a Inglaterra convencer-se da sua autenticidade".

Alice Gordon

"SENHOR, pediram-me que fizesse o relato de um evento que ocorreu em minha presença no dia 13 do corrente. Na noite desse dia eu estava sentado em companhia da sra. Blavatsky e do coronel Olcott na sala de estar da casa do sr. Sinnett, em Simla. Após alguma conversa sobre diversos tópicos, a sra. Blavatsky disse que gostaria de tentar uma experiência que lhe fora sugerida pelo sr. Sinnett. Ela tirou dois papéis de cigarro do bolso e marcou em cada um deles um certo número de linhas. Depois arrancou um pedaço da extremidade de cada um desses papéis, cortando as linhas cruzadamente e os deu a mim. Nesse momento ela estava sentada perto de mim, e observei com atenção o que fazia, meus olhos a não mais de dois palmos de suas mãos.

Ela não quis que eu marcasse ou rasgasse os papéis, alegando que se fossem manipulados por outros eles ficariam impregnados com o magnetismo dessas pessoas, que iria contrapor-se ao dela. Ainda assim os papéis rasgados foram entregues diretamente a mim, e não pude observar qualquer oportunidade em que fossem substituídos por outros, por prestidigitação. A autenticidade ou não dos fenômenos em seguida apresentados parece depender dessa questão. Os pedaços rasgados do papel permaneceram em minha mão esquerda fechada até a conclusão da experiência. Com os papéis maiores a sra. Blavatsky fez dois cigarros, dando-me o primeiro para segurar enquanto o outro estava sendo feito. Examinei esse cigarro com muita atenção a fim de poder reconhecê-lo depois. Feitos os dois cigarros, ela se levantou e os tomou entre as mãos, que esfregou então. Cerca de vinte ou trinta segundos depois o ruído de amarfanhamento do papel, de início claramente audível, havia terminado. Ela disse então: 'a corrente[11] está passando por esta parte da sala, e eu só posso mandá-los a algum lugar próximo daqui'. Momentos depois disse que um havia caído no piano e outro perto de uma estante de parede. Como eu estava sentado no sofá e de costas para a parede, o piano estava em frente e a estante de parede, sustentando algumas peças de porcelana, achava-se bem à direita entre ela e a porta. Ambos estavam bem à vista, do outro lado do aposento bastante estreito. A parte superior do piano estava coberta por livros de música, e foi entre esses que a sra. Blavatsky achou que o cigarro seria encontrado. Foram retirados os livros um por um e por mim mesmo, mas sem ver coisa alguma. Abri então o piano e encontrei um cigarro numa estante estreita, dentro dele. Tomei esse cigarro e o reconheci como sendo aquele que eu segurara. O outro foi achado numa taça coberta sobre a estante de parede. Os dois cigarros estavam ainda úmidos, onde haviam sido umedecidos na margem gomada enquanto eram feitos. Levei os cigarros a uma mesa sem permitir que fossem tocados ou mesmo vistos pela sra. Blavatsky e pelo coronel Olcott. Ao serem desenrolados e espalhados, as bordas rasgadas e irregulares se ajustaram com exatidão aos pedaços que por todo o tempo eu mantivera na mão. Também as marcas de lápis correspondiam. Com isso seria de acreditar que os papéis eram realmente os mesmos, aqueles que eu vira rasgar. Os dois papéis ainda estão em meu poder. Devo acrescentar que o coronel Olcott estava sentado perto de mim, de costas para a sra. Blavatsky durante a experiência, e não se moveu até o final".

Capitão P.J. Maitland

---

[11] A teoria é de que uma corrente de magnetismo pode ser levada a transportar objetos previamente dissipados pela mesma força a qualquer distância e apesar de haver quaisquer barreiras materiais no caminho.

"SENHOR, com referência à correspondência que agora enche as colunas desse jornal sobre a questão das manifestações recentes da sra. Blavatsky, talvez interesse a seus leitores que eu registre um incidente marcante ocorrido na semana passada em minha presença. Tive ocasião de visitar a senhora e durante o nosso encontro ela rasgou uma ponta de papel de cigarro, pedindo-me que a segurasse, o que fiz. Com o restante do papel ela preparou um cigarro do modo comum e dentro de momentos fez com que o cigarro desaparecesse de suas mãos. Estávamos sentados, na ocasião, na sala de visitas. Indaguei se seria possível encontrar novamente o cigarro, e após uma pausa curta ela me pediu que a acompanhasse à sala de jantar, onde o cigarro seria encontrado em cima de uma cortina da janela. Por meio de cadeira e mesa ali colocados consegui com alguma dificuldade estender a mão e apanhar um cigarro que estava no lugar por ela indicado. Abri esse cigarro e verifiquei que o papel correspondia com exatidão ao que eu vira minutos antes na sala de visitas. Isto é, o pedaço de papel do canto que eu retirara comigo se ajustava com exatidão às bordas rasgadas do papel em que o fumo fora enrolado. Até onde posso crer a prova foi tão completa e satisfatória quanto poderia. Eu me abstenho de emitir opinião quanto às causas que produziram tal efeito, tendo a certeza de que seus leitores que se interessam por esses fenômenos preferirão exercer seu próprio juízo na questão. Eu me limito a lhe apresentar uma declaração, sem retoques, do que vi. Permita-me dizer que não sou membro da Sociedade Teosófica e tampouco, até onde sei, me inclino a favor da ciência oculta, embora seja um simpatizante quanto aos objetivos proclamados pela Sociedade que é presidida pelo coronel Olcott".

Charles Francis Massy

É claro que qualquer pessoa familiarizada com a prestidigitação perceberá que uma imitação desse "truque" pode ser promovida por alguma pessoa dotada de certa habilidade manual. E só tomar dois pedaços de papel, rasgar um canto de ambos juntos, de modo que o traçado rasgado de ambos seja o mesmo. Faz-se um cigarro com uma das peças e se põe esse cigarro num lugar onde se pretende que seja encontrado. Depois disso mantém-se a outra peça por baixo daquela que se rasga em presença do espectador, enfia-se um dos cantos já rasgados em sua mão em vez daquele que ele viu você rasgar, faz o seu cigarro com a outra parte da peça original, elimina-se essa peça como bem se quiser e se permite que o cigarro preparado seja encontrado. Outras variações do sistema podem ser facilmente imaginadas, e para as pessoas que na verdade não viram a sra. Blavatsky levar a cabo um de seus fenômenos com cigarros pode ser inútil fazer ver que ela não os executa como um prestidigitador e que o espectador, se for dotado de senso comum, jamais poderá ter a menor sombra de dúvida quanto a um canto do papel lhe ser dado com a parte rasgada – uma certeza que seria aumentada, se necessário, pelas marcas de lápis no mesmo, riscadas diante de seus olhos. No entanto, como afirmo, embora a experiência me mostre que o expectador se incline a encarar o pequeno fenômeno do cigarro como "suspeito", jamais o mesmo deixou de ser encarado como convincente pelas pessoas de mente mais aguda entre as que o testemunharam. Como em todos os fenômenos, todavia, uma eventual tolice por parte do observador derrotará qualquer tentativa de chegar à sua compreensão, por mais perfeitas que sejam as provas apresentadas. Compreendo isso mais completamente agora do que na época sobre a qual estou escrevendo. Nessa ocasião eu me ocupava mais em providenciar que as experiências fossem realmente completas em seus detalhes sem deixar qualquer espaço para a sugestão sequer de impostura. Eu estava lutando contra a correnteza, em primeiro lugar porque a sra. Blavatsky era intratável e excitável como experimentadora, e ela própria apenas recebia favores vindos dos Irmãos com referência aos fenômenos maiores. E a mim parecia inconcebível que os Irmãos nem sempre compreendessem com precisão a estrutura mental em que as pessoas de educação européia abordam o exame de milagres como os que estivemos abordando, de modo que nem davam a atenção necessária para a necessidade de tornar seus fenômenos provas inteiramente perfeitas e inatacáveis em todos os detalhes. Eu sabia naturalmente que eles não estavam tão ansiosos por convencer o mundo comum sobre coisa alguma, mas ainda assim freqüentemente ajudavam a sra. Blavatsky a produzir fenômenos que não tinham motivos outros a não ser a produção de um efeito na mente das pessoas que pertenciam ao mundo externo, e a mim parecia que sob tais circunstâncias eles poderiam muito bem fazer algo que não deixasse margem para atribuir qualquer espécie de engano.

Um dia perguntei à sra. Blavatsky se ela poderia entregar uma carta a um dos Irmãos, caso eu resolvesse escrever uma, explicando meus pontos de vista. Eu pensava que isso dificilmente seria possível, pois sabia quão inacessíveis eram, geralmente, os Irmãos; mas como ela disse que tentaria, escrevi uma carta, endereçando-a "ao Irmão Desconhecido", e a entreguei a ela para ver se haveria algum retorno. Foi uma inspiração feliz que me levou a fazê-lo, pois desse pequeno início surgiu a mais interessante correspondência que já tive o privilégio de trocar – correspondência que me sinto feliz em dizê-lo, promete continuar e cuja existência, mais do que quaisquer experiências de fenômenos pelas quais passei ou assisti, embora as mais maravilhosas das mesmas ainda estejam por ser descritas é a deste pequeno livro.

A idéia que tinha em mente especificamente era a de que de todos os testes e fenômenos que se poderia imaginar, o melhor seria a aparição em nossa presença, na Índia, de um exemplar do *Times* de Londres no mesmo dia da sua publicação. Com tal prova em minha mão, argumentei, eu tentaria convencer em Simla a todos que tivessem um mínimo de inteligência de que é possível obter, por meios ocultos, resultados físicos além do controle da ciência comum. Lamento dizer que não guardei cópia da carta em si, tampouco de minhas cartas seguintes. Isso teria ajudado a elucidar as respostas de um modo conveniente; mas na ocasião não antevi os desenvolvimentos a que dariam origem e afinal de contas o interesse da correspondência gira quase inteiramente em torno das cartas que recebi: apenas em grau muito pequeno em torno das que enviei.

Passaram-se um ou dois dias antes que eu ouvisse falar algo a respeito da minha carta, embora a sra. Blavatsky me avisasse que eu teria uma resposta. Depois disso, soube que ela não tinha conseguido encontrar um Irmão que quisesse receber a comunicação. Aqueles a quem ela solicitou primeiro se recusaram a perder tempo com o assunto. Finalmente, o seu telégrafo psicológico trouxe-lhe uma resposta favorável de um dos Irmãos com quem há algum tempo ela não se comunicava. Ele estava disposto a receber a carta e responder a ela.

Sabedor disso, lamentei de imediato não ter escrito mais extensamente, apresentando o meu ponto de vista de modo mais completo quanto à concessão solicitada. Voltei por isso a escrever sem esperar que a carta de resposta me chegasse.

Um dia ou dois após isso, encontrei à noite sobre minha escrivaninha a primeira carta de meu novo correspondente... Posso explicar aqui o que fiquei sabendo depois, que se tratava de um nativo do Punjab que tinha sido atraído aos estudos ocultos desde a mais tenra infância. Fora mandado à Europa quando jovem por intervenção de um parente – também ocultista – para ser educado no conhecimento ocidental e desde então recebera plena iniciação no conhecimento maior do Oriente. Encarado do ponto de vista do europeu comum, isto parecerá uma inversão das mais singulares quanto à ordem correta das coisas, mas não preciso parar para examinar tal tipo de consideração neste momento.

Meu correspondente é conhecido para mim como Koot Hoomi Lal Sing. É este seu "nome místico tibetano" – e ao que parece os ocultistas adotam novos nomes ao ser iniciados – prática que sem dúvida deu origem a costumes semelhantes que encontramos perpetuados aqui e acolá em cerimônias da Igreja Católica Romana.

A carta que recebi começava cuidando do fenômeno sobre o qual eu falara.[12] Dizia Koot Hoomi: *"Justamente porque o teste com o jornal de Londres fecharia a boca dos céticos, – ele é impensável. Entenda isto como quiser – mas o mundo está ainda está no seu primeiro estágio de libertação, se não de desenvolvimento, e, portanto, despreparado. É verdade que nós trabalhamos usando leis e meios naturais e não sobrenaturais. Mas, como de um lado a Ciência se encontraria incapaz (no seu estágio atual) de explicar os fatos maravilhosos feitos em seu nome, e de outro lado as massas ignorantes, ainda, veriam o fenômeno como se fosse um milagre, qualquer um que testemunhasse a ocorrência ficaria desequilibrado e os resultados seriam deploráveis. Acredite-me, isso é o que ocorreria – especialmente para você, que teve a idéia, e para a devotada mulher que tão tolamente corre em direção à ampla porta aberta que leva à notoriedade. Essa porta, mesmo aberta por mãos tão amigas quanto as suas, se transformaria em pouco tempo em uma armadilha – e, na verdade, uma armadilha fatal para ela. E esse não é, certamente, o seu objetivo (.....)*

Se cedêssemos ao seu desejo, você sabe realmente quais seriam as conseqüências? A inexorável sombra que segue todas as inovações humanas se movimenta e, no entanto, poucos são aqueles que estão, de algum modo, conscien-

---

[12] Carta nº 1 de *Cartas dos Mahatmas Para A. P. Sinnett* (Editora Teosófica). (N. ed. bras.)

tes de sua aproximação e de seus perigos. O que poderiam esperar, então, aqueles que oferecessem uma inovação ao mundo que, devido à ignorância humana, se fosse considerada autêntica, certamente seria atribuída àqueles poderes das trevas em que dois terços da humanidade ainda acreditam com temor? (.....)

O êxito de uma tentativa do tipo que você propõe tem que ser calculado e baseado num profundo conhecimento das pessoas à sua volta. A atitude das pessoas diante dessas questões mais profundas e misteriosas que podem sensibilizar a mente humana, os poderes deíficos no homem e as possibilidades contidas na Natureza, depende inteiramente das suas condições sociais e morais. Quantos, mesmo entre os seus melhores amigos, daqueles que o rodeiam, têm mais que um interesse superficial por esses assuntos tão complexos? Você poderá contá-los nos dedos da sua mão direita. A sua raça se orgulha de ter libertado no seu século o gênio há tanto tempo aprisionado no estreito vaso do dogmatismo e da intolerância – o gênio do conhecimento, da sabedoria e do livre pensamento. E diz que o preconceito ignorante e o fanatismo religioso colocados numa garrafa como um velho gênio maligno, e lacrados nela pelos Salomões da ciência, repousam no fundo do mar e nunca mais poderão escapar para a superfície e reinar sobre o mundo como fizeram no passado; que a opinião pública está completamente livre, em resumo, e pronta para aceitar qualquer verdade que seja demonstrada. Ah, sim,; mas isso será realmente verdade, meu respeitável amigo? O conhecimento experimental não surgiu em 1662, quando Bacon, Robert Boyle e o bispo de Rochester transformaram, mediante uma autorização real, o seu 'Colégio Invisível' numa sociedade para a promoção da ciência experimental. Eras antes da existência da Royal Society *(Sociedade Real) se tornar uma realidade, sob o plano de um 'Esquema Profético', um anseio inato pelo oculto, um amor apaixonado pela Natureza e seu estudo levaram homens de várias gerações a experimentar e a mergulhar nos seus se-*

gredos de modo mais profundo que os seus contemporâneos. Roma ante Romulum fuit[13] *– este é um axioma que nos foi ensinado em suas escolas inglesas. (.....) O* vril *de 'A Raça Futura'*[14] *foi propriedade comum de raças agora extintas. A própria existência dos nossos ancestrais gigantescos é agora questionada, embora nos* Himavats[15]*, no próprio território controlado por vocês, haja uma caverna cheia de esqueletos desses gigantes, e as suas enormes carcaças, quando forem encontradas, serão invariavelmente consideradas aberrações isoladas da Natureza. Do mesmo modo o* vril *ou* Akas, *como nós o chamamos, é visto como uma impossibilidade, um mito. E sem o completo conhecimento do Akas, de suas combinações e propriedades, como pode a Ciência fazer frente a tais fenômenos? Não duvidamos que os homens da sua ciência estejam abertos a novas evidências. No entanto, os fatos têm que lhes ser em primeiro lugar demonstrados; devem primeiro tornar-se propriedade deles, comprovando que são compatíveis com os seus próprios modos de investigação, antes que eles estejam dispostos a aceitá-los como fatos. Basta você olhar o prefácio do texto "Micrographia" para descobrir nas sugestões de Hooke,*[16] *que as relações internas dos objetos tinham, do seu ponto de vista, menos importância que a ação externa deles sobre os sentidos – e as excelentes descobertas de Newton encontraram nele o seu maior oponente. Os modernos Hooke são muitos. Assim como esse homem, erudito mas ignorante em relação a épocas anteriores, os seus cientistas modernos estão menos dispostos a sugerir uma conexão física dos fatos, que lhes poderia revelar muitas*

---

[13] Roma existia antes de Rômulo fundá-la. (N. ed. bras.)
[14] Referência ao livro *A Raça Futura,* de Edward Bulwer Lytton, autor, entre outras obras, de *Zanoni.* (N. ed. bras.)
[15] Himalaias. (N. ed. bras.)
[16] Robert Hooke (1635-1703), físico experimental inglês, membro da Royal Society. Investigou a gravitação universal e formulou, embora de modo imperfeito, a teoria ondulatória da luz. *Micrographia* (1665) é um dos seus primeiros escritos. (N. ed. bras.)

das forças ocultas na Natureza, do que produzir uma cômoda 'classificação das experiências científicas', de modo que a qualidade mais essencial de uma hipótese não é a de ser verdadeira mas apenas plausível – *na opinião deles.*

Até aqui sobre Ciência – com base no que conhecemos dela. Quanto à natureza humana em geral, ela é a mesma agora que há um milhão de anos atrás: preconceito baseado no egoísmo; uma resistência generalizada a renunciar à ordem estabelecida das coisas em função de novos modos de vida e de pensamento – e o estudo oculto requer tudo isso e muito mais –; orgulho e uma teimosa resistência à Verdade, quando ela abala as suas noções prévias das coisas – tais são as características da sua época (.....) Quais seriam, portanto, os resultados dos fenômenos mais surpreendentes, supondo que concordássemos com a sua produção? Mesmo bem-sucedidos, o perigo cresceria na proporção direta do êxito. Em pouco tempo, não haveria alternativa exceto continuar, sempre num crescendo, ou cair numa luta infindável com o preconceito e a ignorância, e ser mortos com suas próprias armas. Um teste após o outro seriam solicitados e teriam que ser feitos; e se esperaria que cada fenômeno fosse mais maravilhoso que o anterior. Você diz todos os dias que não se pode esperar de ninguém que acredite, a não ser que seja uma testemunha ocular. Seria suficiente o tempo de vida de um homem para satisfazer um mundo inteiro de céticos? Pode ser fácil aumentar o número original de crentes em Simla para centenas e milhares. Mas o que dizer das centenas de milhões de pessoas que não poderiam ser testemunhas oculares? O ignorante – incapaz de atingir os operadores invisíveis – poderia algum dia extravasar sua cólera nos agentes visíveis do trabalho; as classes mais altas e cultas continuariam a não acreditar como sempre, reduzindo vocês a nada, como até agora. Vocês, como muitos outros, nos culpam pela nossa grande reserva. Todavia, nós conhecemos algo da natureza humana, porque aprendemos com a experi-

ência acumulada ao longo de séculos – sim, eras. E sabemos que, enquanto a ciência tiver algo a aprender, e enquanto reste uma sombra de dogmatismo religioso no coração das multidões, os preconceitos do mundo têm que ser vencidos passo a passo, sem atropelos. Assim como o passado remoto teve mais de um Sócrates, o vago futuro verá o nascimento de mais de um mártir. A livre ciência desprezou a opinião de Copérnico, quando ele renovou as teorias de Aristarco de Samos[17] – que afirmou que 'a Terra se move circularmente ao redor do seu próprio centro' – anos antes que a Igreja quisesse sacrificar Galileu como um holocausto à Bíblia. O melhor matemático da corte de Eduardo VI – Robert Recorde – foi abandonado passando fome na prisão pelos seus colegas, que riam do seu Castle of Knowledge (Castelo do Conhecimento), declarando que as suas descobertas eram 'vãs fantasias' (.....)

'Tudo isso é história antiga', pensará você. É verdade; mas as crônicas dos dias modernos não diferem muito das suas antecessoras. Basta lembrar as recentes perseguições de médiuns na Inglaterra, a queima de supostas feiticeiras e bruxos na América do Sul, na Rússia e nas fronteiras da Espanha – para termos certeza de que a única salvação para os verdadeiros conhecedores das ciências ocultas é o ceticismo do público; os charlatões e os prestidigitadores são os escudos naturais dos 'adeptos'. A segurança pública só é mantida porque mantemos secretas as terríveis armas que poderiam ser usadas contra ela, e que, como já foi dito a você, seriam mortais nas mãos dos perversos e dos egoístas".

O restante da carta trata principalmente de questões pessoais e não preciso reproduzi-lo aqui. Está claro que deixarei de fora, em todas as citações que faço das cartas de Koot

---

[17] Aristarco de Samos, astrônomo grego ativo ao redor de 270 a.C., foi um dos primeiros a defender a tese de que a Terra gira ao redor do Sol. (N. ed. bras.)

Hoomi, partes que, especialmente endereçadas a mim mesmo, não têm importância imediata para o debate público. O leitor deve ter o cuidado de lembrar todavia, e faço tal advertência agora do modo mais inequívoco, que em caso algum *alterarei* uma só sílaba das passagens que cito. É importante fazer tal declaração de modo bastante enfático, porque quanto mais meus leitores se familiarizarem com a Índia, tanto menos estarão propensos a acreditar, a não ser pelo meu testemunho direto, que as cartas de Koot Hoomi tal como as publico agora, foram escritas por um nativo da Índia. Que isso é verdade, todavia, está além de toda dúvida.

Respondi à carta citada acima e o fiz mais longamente, argumentando, se me lembro bem, que a mente européia era menos irremediavelmente intratável do que Koot Hoomi dizia. A segunda carta dele afirmava:[18]

"Não poderemos entender-nos, em nossa correspondência, enquanto não ficar completamente claro que a ciência oculta tem os seus próprios métodos de pesquisa, tão arbitrários e fixos como são, à sua maneira, os da ciência física, sua antítese. Se esta última possui os seus axiomas, a ciência oculta também os tem; e aquele que quiser cruzar os limites do mundo invisível não poderá determinar por si mesmo como há de progredir no seu caminho, do mesmo modo como quem pretende penetrar nos recessos internos dos subterrâneos de Lhasa, a abençoada, não pode mostrar o caminho ao seu guia. Os mistérios nunca puderam e jamais poderão ser colocados ao alcance do público em geral; não, pelo menos, até o dia tão esperado em que nossa filosofia religiosa se torne universal. Em todas as épocas somente uma escassa minoria de homens possuiu os segredos da Natureza, embora multidões tenham testemunhado as evidências práticas da possibilidade de sua posse. O adepto é a rara eflorescência de uma geração de buscadores; e para conver-

---

[18] Carta nº 2, *Cartas dos Mahatmas Para A.P. Sinnett*, Ed. Teosófica. (N. ed. bras.)

ter-se num deles é preciso obedecer ao impulso interno da alma, sem levar em conta as cautelosas considerações da ciência ou da inteligência mundanas. O seu desejo é entrar em comunicação direta com um de nós, sem a intervenção da sra. Blavatsky ou de qualquer intermediário. Sua idéia seria, se eu a compreendo, obter tais comunicações por cartas – como a presente – ou por palavras audíveis, de modo que você seja guiado por um de nós na administração e, principalmente, na instrução da Sociedade. Você quer tudo isso, e todavia, como você mesmo diz, ainda não encontrou até agora 'razões suficientes' para abandonar nem mesmo os seus 'modos de vida' que são diretamente hostis a tal tipo de comunicação. Isto é pouco razoável. Aquele que quiser erguer alto a bandeira do misticismo e proclamar que o seu reino está próximo tem que dar o exemplo aos outros. Ele deve ser o primeiro a mudar os seus próprios modos de vida; e, com relação ao fato de que o estudo dos mistérios ocultos constitui o degrau mais alto da escada do Conhecimento, tem que proclamar isso em voz alta, apesar da ciência exata e da oposição da sociedade. O Reino do Céu é obtido pela força, dizem os místicos cristãos. É somente com uma arma na mão e estando disposto a vencer ou morrer que o místico moderno pode ter a expectativa de alcançar seu objetivo.

Minha primeira resposta cobriu, pensei, a maior parte das questões da sua segunda e mesmo as da sua terceira carta. Tendo expressado nela a minha opinião, de que o mundo em geral não está ainda maduro para nenhuma comprovação demasiado forte de poderes ocultos, resta-nos apenas tratar com os indivíduos isolados que buscam, como você, ir do véu da matéria para o mundo das causas primárias, ou seja, só precisamos considerar agora o seu caso e o do sr. ——".

Devo explicar a esta altura que um de meus amigos em Simla, profundamente interessado, como eu, no processo dessa investigação, depois de ler a primeira carta que Koot Hoomi me enviara, escrevera ele próprio uma carta a meu correspondente. Tendo circunstâncias mais favoráveis do que eu para tal empreendimento, ele propusera até fazer um sacrifício completo de suas outras atividades e adotar qualquer isolamento distante que pudesse ser próprio para atingir a meta e onde pudesse, caso aceito como aluno no ocultismo, aprender o bastante para regressar ao mundo armado de forças que o capacitariam a demonstrar a realidade do desenvolvimento espiritual e os erros do materialismo moderno, e em seguida dedicar a vida à tarefa de combater a incredulidade moderna, levando os homens à compreensão prática de uma vida melhor. Retorno aqui à carta de Koot Hoomi:

"Esse senhor fez-me também a grande honra de dirigir-se a mim pessoalmente, fazendo algumas perguntas e estabelecendo as condições sob as quais estaria disposto a trabalhar seriamente para nós. Mas as motivações e aspirações de vocês dois são de natureza diametralmente oposta, e levam, portanto, a resultados diferentes, tenho que responder separadamente a cada um de vocês.

O primeiro e principal fator que determina nossa decisão de aceitar ou rejeitar a oferta feita por você está na motivação interna que o leva a buscar as nossas instruções e, em certo sentido, a nossa orientação. Esta última é buscada, em todo caso, com certas reservas – tal como eu entendo, e portanto fica como uma questão independente de tudo o mais. Agora vejamos, quais são as suas motivações? Tentarei defini-las nos seus aspectos gerais, deixando os detalhes para considerações posteriores. Elas são: 1) O desejo de receber provas concretas e incontestáveis de que existem realmente forças na Natureza das quais a ciência nada sabe; 2) A esperança de apropriar-se delas algum dia – quanto antes melhor, porque você não gosta de esperar – de modo a capacitar-se para (a) demonstrar a sua existência a umas poucas e selecionadas mentes ocidentais; (b) contemplar a vida futura como uma realidade objetiva construída sobre a rocha do Conhecimento, não da fé; e (c) finalmente saber – talvez a mais importante entre todas as suas motivações, embora seja a mais oculta e a melhor guardada – toda a verdade acerca de nossas Lojas e sobre nós; para ter, em resumo, uma clara certeza de que os 'Irmãos' – sobre os quais todos tanto ouvem falar e vêem tão pouco – são entidades reais, e não ficções de um cérebro alucinado e desordenado. Essas, vistas em seu melhor aspecto, nos parecem ser as suas motivações quando se dirige a mim. E eu respondo no mesmo espírito, esperando que a minha sinceridade não seja mal interpretada nem atribuída a um ânimo inamistoso.

Para nós, estas motivações, sinceras e dignas de toda consideração do ponto de vista mundano, parecem egoístas. *(Você tem que me perdoar pelo que possa ver como linguagem agressiva, se o seu desejo realmente é o que você diz – aprender a verdade e obter instrução de nós – que pertencemos a um mundo completamente diferente daquele em que você se movimenta). Estas motivações são egoístas porque você deve saber que o principal objetivo da S.T. não é tanto satisfazer aspirações individuais, e sim servir aos nossos semelhantes; e o valor real da palavra 'egoístas', que pode soar mal aos seus ouvidos, tem para nós um significado peculiar que pode não existir para você; portanto, em primeiro lugar, você não deve entender a palavra de outra forma a não ser no sentido acima. Talvez compreenda melhor o nosso significado ao saber que, do nosso ponto de vista, as mais elevadas aspirações para o bem-estar da humanidade ficam manchadas pelo egoísmo se na mente do filantropo ainda houver uma sombra de desejo de autobenefício ou uma tendência para fazer injustiça, mesmo quando ele é inconsciente disso. No entanto, você sempre argumentou contra a idéia da Fraternidade Universal, questionou a sua utilidade e propôs uma reestruturação da S.T. tendo como princípio a idéia de uma escola para o estudo especial do ocultismo (.....)*

Tendo abordado os 'motivos pessoais', vamos examinar as 'condições' que você coloca para ajudar-nos a fazer o bem para o mundo. Em termos gerais, essas condições são: primeiro, que uma Sociedade Teosófica anglo-indiana independente seja fundada através dos seus amáveis serviços, sobre cuja direção não terá influência nenhum dos nossos atuais representantes;[19] e, segundo, que um de nós tome o novo corpo 'sob sua proteção', permaneça 'em comunicação livre e direta com os seus líderes', e lhes proporcione 'a prova direta de que ele realmente possui aquele conhecimento superior das forças da Natureza e qualidades da alma humana que despertem neles uma adequada confiança em sua liderança.' Eu copiei as suas próprias palavras a fim de evitar imprecisão ao definir a posição.

Do seu ponto de vista, essas condições podem parecer tão razoáveis que não provocariam resistência; e, na verdade, a maior parte dos seus compatriotas – e talvez dos europeus –, poderia ter a mesma opinião. O que poderia ser mais razoável, dirá você, do que pedir que o instrutor, ansioso para disseminar seu conhecimento, e o discípulo – oferecendo-se para ajudar nisso, se encontrassem face a face, e que o instrutor desse ao outro provas experimentais de que as suas instruções são corretas? Como homem do mundo, que vive e simpatiza plenamente com ele, você tem toda a razão, sem dúvida. Mas os homens deste nosso outro mundo, que não foram treinados na sua maneira de pensar, e que podem, às vezes, achar muito difícil segui-la e apreciá-la, dificilmente podem ser criticados por não responderem às suas sugestões com tanto entusiasmo quanto você pensa que deveriam. A primeira e mais importante das nossas objeções está em nos-

---

[19] Na ausência da minha própria carta, à qual esta é resposta, o leitor pode julgar com base nesta frase que eu fora animado por algum sentimento inamistoso quanto aos representantes mencionados – sra. Blavatsky e o coronel Olcott. Isto não foi em absoluto o que ocorreu, mas profundamente conscientes de equívocos que haviam sido cometidos na direção da Sociedade Teosófica, o sr. ―― e eu próprio tínhamos a impressão de que melhores resultados públicos podiam ser obtidos iniciando as operações *de novo* e nós próprios tomando a direção das ações que pudessem ser realizadas para recomendar o estudo do ocultismo no mundo moderno. Esta crença de nossa parte coexistia em ambos os casos com uma amizade fervorosa baseada na mais pura estima pelas pessoas mencionadas.

sas Regras. *É verdade que temos as nossas escolas e instrutores, nossos neófitos e* shaberons *(adeptos superiores), e a porta é sempre aberta quando o homem certo bate nela. E damos sempre boas-vindas ao recém-chegado; apenas, em vez de nós irmos até ele, ele tem de vir até nós. Mais do que isso: a menos que ele tenha atingido aquele ponto do caminho do ocultismo em que é impossível retornar, tendo-se comprometido irreversivelmente com a nossa associação, nós nunca o visitamos nem mesmo cruzamos a sua porta em aparência visível – exceto em casos raríssimos.*

Estará algum de vocês tão ansioso por conhecimento e pelos poderes benéficos que ele confere, que se disponha a deixar o seu mundo e vir para o nosso? Então que ele venha; mas não deve pensar em retornar, até que o sigilo dos mistérios tenha fechado seus lábios contra qualquer possibilidade de fraqueza ou indiscrição. Que ele venha, enfim, como o discípulo vai ao Mestre, e sem condições; ou que ele espere, como tantos outros fazem, e fique satisfeito com as migalhas do conhecimento que possam cair no seu caminho.

E suponhamos que vocês venham até nós – como ocorreu com dois dos seus compatriotas – como a sra. B. fez, e o sr. O. fará; supondo que vocês abandonassem tudo pela verdade, lutassem arduamente durante anos para subir a íngreme e perigosa estrada, sem temer nenhum obstáculo, firmes contra toda tentação, mantendo fielmente nos seus corações os segredos que lhes fossem confiados em caráter de teste; trabalhassem com toda energia e altruisticamente para difundir a verdade e fazer os homens pensarem e viverem corretamente – vocês considerariam justo que, depois de todos os seus esforços, nós concedêssemos à sra B. ou ao sr. O., dois 'estranhos', as condições que agora pedem para vocês mesmos? Destes dois, um já nos deu três quartas partes de sua existência; o outro seis anos da fase de pleno vigor de sua vida, e ambos seguirão trabalhando assim até o fim das suas vidas. Embora tendo sempre trabalhado para a sua merecida recompensa, nunca a reclamaram, nem se queixaram quando desapontados. Ainda que eles realizassem muito menos trabalho do que fazem, não seria uma clara injustiça ignorá-los, como foi proposto, num campo importante do esforço teosófico? A ingratidão não está entre os nossos defeitos, nem imaginamos que vocês queiram aconselhá-la a nós.

Nenhum dos dois têm a menor disposição para intrometer-se na direção da imaginada loja anglo-indiana, nem interferir na escolha dos seus dirigentes. Mas a nova sociedade, se vier a ser formada, deve ser de fato, (embora tendo uma denominação própria) uma loja da Sociedade Matriz, como é a Sociedade Teosófica britânica em Londres, e contribuir com sua vitalidade e utilidade para promover a idéia básica de uma fraternidade universal, inclusive de outras formas práticas.

Por pior que tenha sido o modo como os fenômenos foram mostrados, alguns deles – como você mesmo admite – são incontestáveis. As 'batidas na mesa, quando ninguém a toca', e 'os sons de sino no ar', foram, você diz, 'sempre considerados satisfatórios', etc., etc. Disso você conclui que bons 'fenômenos de teste' podem ser facilmente multiplicados ad infinitum. *Isto é verdade – em qualquer lugar onde as nossas condições magnéticas, e outras, estejam constantemente presentes; e onde não tenhamos que agir com e através de um corpo feminino enfraquecido no qual, poderíamos dizer, reina um ciclone vital na maior parte do tempo. Mas, por mais imperfeita que seja a nossa agente visível – e com freqüência ela é extremamente imperfeita e insatisfatória – ela é o que há de melhor no momento atual, e seus fenômenos têm assombrado e desconcertado algumas das mentes mais inteligentes da época atual (.....)"*

Duas ou três notas curtas que recebi em seguida de Koot Hoomi referiam-se a um incidente que devo descrever agora, cuja perfeição como fenômeno-prova me parece mais completa do que qualquer outro que já descrevi. É digno de nota, por falar nisso, que embora as circunstâncias de tal incidente fossem narradas nos jornais indianos da época, o alegre grupo de zombadores que inundou a imprensa com seus comentários simples sobre o fenômeno do broche jamais se dera ao trabalho de falar sobre "o incidente da almofada".

Em companhia de nossos hóspedes, fomos almoçar um dia no alto de uma montanha próxima. Na noite da véspera tivera motivos para pensar que meu correspondente Koot Hoomi estivera em algo que posso chamar de comunicação sugestiva comigo. Não entro em detalhes porque é desnecessário perturbar o leitor em geral com idéias desse tipo. Depois de examinar a questão, de manhã descobri sobre a mesinha da entrada uma nota de Koot Hoomi na qual ele prometia me dar algo na montanha, que serviria de sinal de sua presença (astral) perto de mim na noite anterior.

Seguimos para nosso destino, acampamos no alto da montanha e nos empenhamos na refeição, quando a sra. Blavatsky disse que Koot Hoomi estava perguntando onde gostaríamos de encontrar o objeto que ele ia me enviar. Até aquele momento não houvera qualquer conversa com respeito ao fenômeno que eu esperava. A sugestão talvez seja de que a sra. Blavatsky "induziu-me" à escolha que fiz. A verdade foi simplesmente que em meio a uma conversa inteiramente diferente, a sra. Blavatsky dedicou os ouvidos a escutar sua voz oculta – e em seguida me disse qual era a pergunta feita e não contribuiu para a minha escolha com uma só observação sobre o assunto. Na verdade não houve debate geral e foi por escolha absolutamente espontânea de minha parte que eu disse, depois de refletir um pouco: "Dentro daquela almofada", apontando aquela na qual uma das damas presentes se apoiava. Mal acabara de dizer estas palavras e minha esposa gritou: "Oh, não, que seja dentro da minha" ou palavras nesse sentido. Eu disse: "Muito bem, dentro da almofada de minha esposa". A sra. Blavatsky perguntou a Koot Hoomi por seus próprios métodos se isso estava bem e me deu resposta afirmativa. Minha liberdade de escolha no que tange ao lugar em que o objeto deveria ser encontrado foi portanto absoluta e sem a influência de qualquer condição. A escolha mais natural que eu poderia ter feito em tais circunstâncias e levando em conta nossas experiências anteriores teria sido em alguma árvore determinada ou sepultado em algum ponto determinado do chão; mas a parte interna de uma almofada costurada, escolhida ao acaso no impulso do momento me veio quando passei o olhar casualmente pela almofada que mencionei em primeiro lugar, como sendo local adequado; e quando dei a idéia de uma almofada, a emenda de minha esposa à proposta inicial foi realmente um aperfeiçoamento, pois a almofada escolhida então não estivera por um só instante fora da posse dela por toda aquela manhã. Era a almofada costumeira de sua liteira, e ela estivera ali apoiada por todo o caminho desde a casa, continuava apoiada nela, já que sua liteira fora levada até o alto da montanha, e ela continuara ali presente. A própria almofada de veludo estava muito bem costurada e estivera em nossa posse por anos seguidos. Sempre ficava, quando estávamos em casa, na sala de estar e a um canto visível de certo modo, pelo que, quando minha esposa saía, seria levada à sua liteira e novamente trazida quando regressasse.

Quando se chegou a um acordo sobre a almofada, minha esposa recebeu recomendação de colocá-la sob o seu tapete, o que fez com as próprias mãos, dentro de sua liteira. A almofada pode ter ficado ali por cerca de um minuto, após o qual a sra. Blavatsky disse que podíamos abri-la. Eu o fiz com um canivete e demorei algum tempo para abri-la, pois a almofada estava muito bem costurada ao redor e era muito forte, de modo que foi preciso abri-la quase ponto por ponto, sem ser possível rasgá-la. Quando um lado da coberta se achava inteiramente aberto, descobrimos que as penas da almofada estavam em um outro envoltório separado, também costurado pelas bordas. Nada havia a ser achado entre uma e outra, de modo que passamos a abrir a interna e feito isso, minha esposa procurou entre as penas.

A primeira coisa que achou foi um bilhete pequeno e triangular, dirigido a mim na escrita agora bem conhecida de meu correspondente oculto. Dizia o seguinte:

Meu "CARO IRMÃO",[20]
Este broche, nº 2, é colocado neste lugar bastante estranho apenas para mostrar-lhe como é facilmente produzido um fenômeno real e como é ainda mais fácil suspeitar da sua autenticidade. Pense o que quiser, e pode supor até que utilizei cúmplices. Tentarei superar a dificuldade de que você falou na noite passada, com relação ao nosso intercâmbio de cartas. Um dos nossos discípulos visitará Lahore e N.W.P.[21] em breve, e um endereço será dado a você e sempre poderá usá-lo; a não ser que, na verdade, você realmente prefira corresponder-se através de almofadas. Repare, por favor, que a presente não é mandada de uma "Loja", mas desde um vale em Cachemira.

Enquanto eu lia esta nota, minha esposa vasculhando mais entre as penas, descobriu o broche a que o bilhete se referia, um broche que era dela, muito antigo e familiar, e que ela em geral deixava na penteadeira quando não estava em uso. Teria sido impossível inventar ou imaginar prova de poder oculto, envolvendo força mecânica, mais irresistível e convincente do que este foi para nós, que tínhamos conhecimento pessoal das várias circunstâncias aqui descritas. Toda força e significado do broche assim devolvido giravam em torno de minhas impressões subjetivas da noite anterior. A razão para escolher o broche como coisa a nos ser dada não era anterior àquele momento. Assim sendo, na hipótese idiota de que a almofada teria sido obtida com antecedência pela sra. Blavatsky, o fato teria que ocorrer a partir do momento em que eu falei de minhas impressões naquela manhã, pouco após o desjejum; mas desde o momento em que se levantara naquela manhã a sra. Blavatsky praticamente não estivera fora de nossa vista e permanecera sentada em companhia de minha esposa na sala de estar. Aliás estivera fazendo isso contra sua vontade, pois tinha o que escrever em seu próprio

---

[20] Carta nº 3-B, *Cartas dos Mahatmas Para A.P. Sinnett*, Ed. Teosófica. (N. ed. bras.)
[21] N.W.P.: Província do Noroeste na Índia britânica. (N. ed. bras.)

quarto, mas a ela fora dito por suas vozes para sentar naquele lugar em companhia de minha esposa durante a manhã e o fizera, resmungando com a interrupção de seu trabalho e inteiramente incapaz de perceber qualquer motivo para atender a tal ordem. Mais tarde o motivo se tornou bastante claro e se referia ao fenômeno que se pretendia fazer. Era desejável que não tivéssemos qualquer dúvida quanto ao que a sra. Blavatsky poderia ter estado fazendo durante a manhã, no caso do incidente tomar um rumo tal que fizesse disso um fator para determinar seu caráter autêntico. Está claro que se a escolha da almofada pudesse ter sido prevista seria desnecessário sacrificar nossa "velha dama", como geralmente a chamávamos. A própria presença da almofada famosa junto a minha esposa durante toda a manhã na sala de estar teria sido o bastante. Mas a liberdade perfeita de escolha tinha de ser garantida ao selecionar um *esconderijo* para o broche; e a almofada não podia ter estado na mente de qualquer pessoa nem na minha antes disso.

O texto do bilhete dado acima incluía muitos pontos menores que tinham significado para nós. Todo ele fazia referência indireta à conversa ocorrida em nossa mesa de jantar na noite anterior. Eu estivera falando dos pequenos traços que as longas cartas de Koot Hoomi ostentavam aqui e ali, mostrando, apesar do seu domínio esplêndido sobre a língua e o rigor do estilo dessas cartas, um ou outro modo de dizer que um inglês não teria utilizado, por exemplo, na forma de se dirigir, que nas duas cartas já citadas estava marcada de orientalismo. "Mas o que deveria ter ele escrito?" alguém perguntou e eu dissera: "Em circunstâncias semelhantes um inglês provavelmente teria escrito apenas: 'Meu caro Irmão'." Em seguida, a alusão ao Vale de Cachemira como sendo o lugar de onde a carta foi escrita, em vez de ser de uma Loja, constituía alusão à mesma conversa; e o sublinhado do "k" era outra indicação, pois a sra. Blavatsky dissera que o modo de escrever de Koot Hoomi para a palavra *"skepticism"* com "k" não era um americanismo no caso dele, porém devido a um capricho filológico seu.

Os incidentes do dia não haviam ainda terminado, quando o broche foi encontrado; pois nessa noite, após irmos para a casa, caiu de meu guardanapo depois de o haver dobrado no jantar, um bilhetinho pessoal e demasiado particular para ser reproduzido na íntegra, mas parte do qual sou impelido a citar pela alusão que faz ao *modus operandi* oculto. Devo explicar que antes de partir rumo à montanha eu escrevera algumas linhas de agradecimento pela promessa contida no bilhete recebido então, como descrevi. Dei esse bilhete à sra. Blavatsky para que o despachasse por métodos ocultos se pudesse, e ela o levara em sua mão enquanto seguia em companhia de minha esposa à frente nas liteiras pela trilha de Simla sem achar oportunidade senão a meio caminho do nosso destino.

Foi quando despachou o bilhete e só o ocultismo pode explicar como. Tal circunstância fora mencionada no piquenique, e enquanto eu abria a mensagem encontrada na almofada alguém sugeriu que talvez contivesse uma resposta àquele bilhete que mandara. Não continha qualquer alusão a isto, como o leitor logo perceberá.

O bilhete que recebi no jantar dizia: *"Umas poucas palavras mais: por que você ficou decepcionado por não ter recebido uma resposta direta ao seu último bilhete? Eu o recebi em minha sala cerca de meio minuto depois que as correntes[22] para a produção do fenômeno da almofada já tinham sido estabelecidas e estavam em plena operação. E a não ser para assegurar a você que um homem com a sua disposição de ânimo não necessita ter medo de ser 'enganado' – não havia necessidade de uma resposta..."*[23]

Aquilo parecia trazer a pessoa um passo mais próximo da compreensão dos acontecimentos ao ouvir "as correntes"

---

[22] *Currents*, no original em inglês: correntes astrais. (N. ed. bras.)
[23] Veja a Carta nº 3-A, edição cronológica, *Cartas dos Mahatmas Para A.P. Sinnett,* Ed. Teosófica. (N. ed. bras.)

empregadas para realizar o que teria sido um milagre para toda a ciência da Europa, assim de modo familiar.

    Um milagre para toda a ciência de Europa, e um fato tão concreto para nós, mesmo assim, quanto o aposento em que estávamos sentados. Sabíamos que o fenômeno que tínhamos visto era uma realidade maravilhosa; e que o poder do pensamento de um homem em Cachemira apanhara um objeto material de uma mesa em Simla, e desintegrando-o por algum processo com o qual a ciência ocidental ainda não sonha, o fizera passar por outra matéria e ali o restaurara em sua solidez inicial, as partículas dispersas retomando seus lugares precisamente como antes e reconstituindo o objeto até a mínima linha ou arranhadura em sua superfície. (Por falar nisso, apresentava alguns traços quando emergiu da almofada que não tinha antes – as iniciais de nosso amigo.) E sabíamos que os bilhetes escritos em papel tangível haviam sido mandados de um lugar para outro naquele dia entre nosso amigo e nós mesmos, atravessando centenas de milhas desde as montanhas do Himalaia, e tinham estado voando de um para outro lado com a velocidade da eletricidade. E no entanto sabíamos que a muralha impenetrável formada por preconceito e obstinação, por ignorância erudita e embotamento, tinha sido criada em volta das mentes dos cientistas no Ocidente em seu conjunto, barreira essa que jamais seríamos capazes de atravessar com nossos fatos e nossa experiência. É com um grau ainda maior de desconforto que agora narro a história que tenho a contar, porque sei que a precisão solene de seus mínimos detalhes, e a veracidade total de cada sílaba neste registro têm pouco valor, pois as mentes científicas do Ocidente, com as quais a minha própria até agora tem estado em maior simpatia, estarão completamente fechadas ao meu depoimento. "Ainda que alguém se erguesse dos mortos", etc. É a velha história. É a velha história em todos os casos no que tange aos resultados estrondosos sobre a opinião que deviam ter as provas como as que tenho apresentado. O sorriso de incredulidade de quem se julga tão sábio e é tão tolo, a desconfiança e as suspeitas que se lisonjeiam a si mesmas como astutas e na verdade constituem o fruto de grande embotamento, esses olharão estas páginas e destruirão todo o seu teor e sentido – para alguns leitores que sorriem. Porém eu acredito que Koot Hoomi está certo, não apenas ao declarar que o mundo ainda não está maduro para uma prova tão estonteante do poder oculto, mas também ao adotar um interesse amistoso, como logo veremos que ele faz, pelo pequeno livro que estou escrevendo, como uma das influências que pouco a pouco poderão solapar os alicerces do dogmatismo e da estupidez, sobre os quais a ciência, que se julga tão liberal, ultimamente se estabeleceu com firmeza.

A carta seguinte – a terceira carta longa – que recebi de Koot Hoomi, chegou-me pouco após meu regresso a Allahabad, devido ao tempo frio. Mas antes da chegada da carta recebi uma comunicação dele – um telegrama –, no dia do meu regresso a Allahabad. Esse telegrama não tem grande importância no que tange ao seu teor, que era pouco mais que uma expressão de agradecimento por algumas cartas que eu escrevera nos jornais; foi ainda assim de grande interesse de modo indireto, proporcionando-me comprovações que poderiam ser úteis para outras mentes além da minha, no sentido de que as cartas de Koot Hoomi não eram, como algumas pessoas engenhosas podem ter-se inclinado a imaginar – apesar das várias dificuldades mecânicas que obstaculizam a tal teoria – feitas pela sra. Blavatsky. Para mim, conhecendo-a tão intimamente como a conhecia, a evidência interior do estilo era bastante para tornar a sugestão de que ela poderia ter escrito as mesmas um simples absurdo. E se for dito que a autora de *Ísis sem Véu* tem com certeza um domínio da língua que torna difícil dizer que ela não poderia escrever, a resposta é simples. Na produção daquele livro, ela foi de tal modo auxiliada pelos Irmãos que grande parte dele na verdade não é obra dela. A sra. Blavatsky jamais esconde o fato, embora seja inútil proclamá-lo ao mundo em geral, pois seria inteiramente ininteligível a não ser por pessoas que conhecessem alguma coisa dos fatos externos, pelo menos, do ocultismo. As cartas de Koot Hoomi, como afirmo, são inteiramente diferentes do estilo dela. Mas, em relação a algumas delas, como as recebi enquanto ela estava na casa comigo, não era mecanicamente impossível que ela as pudesse ter escrito. Bem, o telegrama que eu recebi em Allahabad, mandado desde Jhelum, era principalmente em resposta a uma carta que eu dirigira a Koot Hoomi pouco antes de deixar Simla e entregue à sra. Blavatsky, que partira alguns dias antes e estava então em Amritsar. Ela recebeu a carta com seu anexo em Amritsar no dia 27 de outubro como vim a saber, não apenas por saber quando a mandei, mas claramente por meio do envelope que ela me devolveu em Allahabad por ordem de Koot Hoomi, enquanto ignorava completamente o motivo pelo qual ele queria que me fosse enviada. De início não entendi de modo algum de que servia mandar-me o envelope antigo, porém o coloquei de lado e mais tarde compreendi a intenção de Koot Hoomi quando a sra. Blavatsky me escreveu dizendo que ele queria que eu obtivesse o original do telegrama de Jhelum. Por intermédio de um amigo ligado à administração do departamento telegráfico, consegui com o tempo obter um exame do original do telegrama – uma mensagem com cerca de vinte palavras; e foi quando eu vi a importância do envelope. A mensagem estava na própria caligrafia de Koot Hoomi, e constituía uma resposta de Jhelum a uma carta que o carimbo do Correio no envelope mostrava ter sido entregue em Amritsar no mesmo dia em que a resposta foi enviada. A sra. Blavatsky estava comprovadamente em Amritsar naquela data, vendo grande número de pessoas em função do trabalho da Sociedade Teosófica, e a caligrafia das cartas de Koot Hoomi, mesmo assim, aparece em um telegrama inegavelmente entregue no escritório de Jhelum naquela data. Assim sendo, embora algumas das cartas de Koot Hoomi passassem pelas mãos dela, vindas a mim, com isso se comprova que ela não era sua autora, pois com certeza ela não produziu a caligrafia das mesmas.

Koot Hoomi provavelmente estava ele próprio em Jhelum ou perto dali, na ocasião, havendo descido para o meio comum por alguns dias a fim de ver a sra. Blavatsky; a carta que recebi em Allahabad pouco após meu regresso explicava isso.

A nossa cara "Velha Senhora" ficara profundamente magoada pelo comportamento de algumas pessoas incrédulas de Simla, que conhecera em nossa casa e em outros lugares e que, incapazes de assimilar a experiência que haviam tido dos fenômenos por ela produzidos, chegaram gradativamente àquela postura de espírito hostil que é uma das fases do sentimento com o qual estou me acostumando a ver surgir. Inteiramente incapazes de demonstrar que os fenômenos eram produto de fraude, mas achando que pelo mero fato de não os compreenderem deviam ser fraudulentos, as pessoas de determinado temperamento são tomadas pelo espírito que animou as perseguições promovidas pelas autoridades religiosas na infância da ciência física. E devido a um golpe de má sorte um cavalheiro com esta atitude se irritara com uma indiscrição trivial por parte do coronel Olcott que, em carta a um dos jornais de Bombaim, citara algumas expressões que ele usara em louvor da Sociedade Teosófica e sua boa influência sobre os nativos do país. Toda a irritação assim criada repercutiu sobre o temperamento excitável da sra. Blavatsky de um modo que só aqueles que a conhecem poderão imaginar. As alusões na carta de Koot Hoomi podem agora ser compreendidas. Após alguma referência a assuntos importantes com os quais estivera envolvido desde que me escrevera pela última vez, Koot Hoomi dizia:[24]

---

[24] Carta nº 5, *Cartas dos Mahatmas Para A.P. Sinnett,* Editora Teosófica. (N. ed. bras.)

"Você vê, então, que temos questões de mais peso do que os problemas de pequenas sociedades para enfrentar; a S.T., no entanto, não será negligenciada. O assunto tomou um impulso que, se não for bem guiado, poderá produzir péssimos resultados. Lembre das avalanches dos seus admiráveis Alpes, em que você tem pensado freqüentemente, e recorde que, no começo, a sua massa é pequena e sua velocidade pouca. Você pode dizer que é uma comparação banal, mas não consigo pensar em uma imagem melhor do que esta quando vejo a reunião gradual de eventos banais transformando-se numa ameaça para o destino da Soc. Teos. Isto me ocorreu com grande força quando, um dia destes, eu descia os desfiladeiros de Kouenlun – que vocês chamam Karakorum – e vi desabar uma avalanche. Eu tinha ido pessoalmente até o nosso chefe (.....) e estava cruzando o desfiladeiro em direção a Ladakh na volta para casa. Não posso dizer que outras especulações poderiam ter ocorrido depois dessa. Mas exatamente quando eu estava desfrutando a tranqüilidade impressionante que geralmente se segue a esse cataclisma, para obter uma visão mais clara da situação atual e da disposição dos 'místicos' de Simla, fui bruscamente chamado aos meus sentidos. Uma voz familiar, tão estridente como a que é atribuída ao pavão de Saraswati – que, se podemos acreditar na tradição, amedrontou e espantou o rei dos Nagas – gritava, ao longo das correntes: '(.....) Koot Hoomi, venha rápido e me ajude!' – e na sua excitação, ela esquecia que estava falando em inglês. Devo admitir que os telegramas da 'Velha Senhora' nos atingem como pedras lançadas por uma catapulta.[25]

O que eu poderia fazer exceto ir? Discutir através do espaço com alguém que está em total desespero e num estado de caos mental, é inútil. Então decidi abandonar o retiro de muitos anos e passar algum tempo com ela para confortá-la do modo como pudesse. Mas a nossa amiga não tem a resignação

---

[25] *Catapulta* – Engenho de guerra da antiguidade, usado para lançar pedras a grande distância. (N. ed. bras.)

filosófica de um Marco Aurélio. O destino nunca escreveu que ela poderia dizer: 'É algo nobre ouvir falar mal de si mesmo quando se está fazendo o bem'... Vim para passar alguns dias, mas agora vejo que não posso suportar por mais tempo o magnetismo sufocante dos meus próprios compatriotas. Vi alguns dos nossos velhos e orgulhosos **Sikhs** *bêbados e cambaleando sobre o pavimento de mármore do seu templo sagrado. Eu ouvi um* Vakil[26], *falando em inglês, declarar-se contra a* Yoga Vidya[27] *e a teosofia, consideradas como uma ilusão e uma mentira, e declarar que a ciência inglesa o emancipara dessas 'superstições degradantes', dizendo que era um insulto contra a Índia afirmar que aqueles iogues e saniasis sujos conheciam qualquer coisa sobre os mistérios da Natureza; ou que qualquer homem vivo possa ou tenha podido alguma vez realizar quaisquer fenômenos! Volto para casa amanhã.*

    A entrega dessa carta pode se atrasar por alguns dias, devido a causas que não é necessário especificar. Enquanto isso, porém, telegrafei a você agradecendo-lhe por ter satisfeito amavelmente os meus desejos nos assuntos a que você alude em sua carta do dia 24. Vejo com satisfação que você não deixou de me apresentar ao mundo como um possível 'aliado'[28]. *Isto faz com que já sejamos dez*[29]*, eu creio? Mas devo dizer que a sua promessa foi cumprida bem e lealmente. Sua carta foi recebida em Amritsar no dia 27 do corrente, às duas horas da tarde, chegou cerca de cinco minutos mais tarde às minhas mãos a cerca de 48 km além de Rawalpindi, e telegrafei acusando o recebimento de Jhelum, às quatro horas da mesma tarde. Nossos modos de entrega acelerada e*

---

[26] *Vakil* – Um advogado nativo que fala em inglês; presumivelmente uma pessoa de alguma cultura. (N. ed. bras.)
[27] *Yoga Vidya* – Sabedoria da Ioga. (N. ed. bras.)
[28] "Aliado" – *confederate* no original em inglês. (N. ed. bras.)
[29] Referência ao incidente do broche nº 1 e ao fato de que 9 pessoas haviam assinado a declaração pública em favor da sua autenticidade. (N. ed. bras.).

comunicações rápidas[30] *não são, como vê, desprezíveis do ponto de vista do mundo ocidental, ou mesmo dos* vakils arianos e céticos *que falam inglês.*

Eu não podia esperar uma atitude mental mais sensata, em um aliado, do que aquela que agora você começa a adotar. Meu Irmão, você já mudou sua atitude em relação a nós de maneira bem nítida: o que poderia impedir um perfeito entendimento mútuo algum dia?(.....)

Não é possível *que exista, mesmo no melhor dos casos, mais do que uma neutralidade benevolente do seu povo para com o nosso. É tão pequeno o ponto de contato entre as duas civilizações que eles representam, respectivamente, que quase poderíamos dizer que elas não se tocam em absoluto. E não chegariam a tocar se, a não ser pelos poucos – poderia dizer, excêntricos? – que têm, como você, sonhos mais belos e audazes do que os outros; e que, fazendo-os pensar, apro-*

---

[30] Muitos velhos indianos e alguns livros sobre a Revolta Indiana registram o modo inteiramente incompreensível pelo qual as notícias dos acontecimentos transpiram à distância e às vezes se verificava que haviam chegado aos mercados nativos antes de chegarem aos europeus em lugares em que havia meios mais rápidos de comunicação. A explicação, ao que me informaram, é de que os Irmãos estavam ansiosos por salvar o poder britânico naquela época, encarando-o como governo melhor para a Índia do que qualquer sistema de domínio nativo que pudesse substituí-lo, e se apressavam a distribuir a informação por seus próprios métodos quando isto podia funcionar no sentido de acalmar a agitação popular e desestimular novos levantes. O sentimento que os animava nessa ocasião continua a animá-los, e a influência da Sociedade Teosófica na Índia é de molde tal que o Governo agiria sabiamente se a aceitasse e aprovasse. As desconfianças dirigidas contra seus fundadores, logo de início, por errôneas que fossem, eram suficientemente desculpáveis, porém agora que o caráter de todo o movimento é mais bem compreendido, seria bom que os funcionários do Governo Britânico na Índia que têm qualquer oportunidade desse tipo, façam o que estiver a seu alcance no sentido de demonstrar sua solidariedade aos fundadores da Sociedade, que devem necessariamente ter uma tarefa difícil a executar sem tais manifestações de solidariedade.

ximam as duas civilizações graças à sua própria e admirável audácia."

A carta que tenho diante de mim neste momento se ocupa tanto com questões pessoais minhas que só posso fazer citações aqui e ali, porém elas possuem especial interesse, tornam mais nítidos assuntos que de modo geral são tratados em linguagem vaga e altissonante. Koot Hoomi se mostrava ansioso para evitar que eu idealizasse demais os Irmãos, devido à minha admiração por seus poderes maravilhosos.

"Você tem certeza", diz ele, "de que a impressão agradável que pode ter agora com base em nossa correspondência não seria destruída instantaneamente ao me ver? E qual de nossos santos *shaberons* teve sequer o benefício da pequena educação universitária e o vislumbre dos costumes europeus que pude ter?"

Do seu modo reservado, Koot Hoomi dizia que se comunicaria comigo tantas vezes quantas possível "quer por ... cartas (dentro ou fora de almofadas) ou visitas pessoais em forma astral, isso será feito, mas lembre-se", aduzia, "que Simla está a 7.000 pés de altura mais que Allahabad e que as dificuldades a serem sobrepujadas são tremendas". Para a mente comum os fenômenos de "mágica" dificilmente se distinguem por graus de dificuldade e a pequena pista contida na última página pode assim ajudar a mostrar que por mais mágicos que os fenômenos dos Irmãos possam parecer (assim que a pouco inteligente hipótese de fraude é deixada de lado) eles são um tipo de mágica que segue suas próprias leis. Na Natureza os corpos em sua maioria foram elementos, na infância da química, mas por outro lado seu número é reduzido por análises cada vez mais profundas na lei das combinações – e o mesmo acontece com a mágica. Viajar sobre as nuvens dentro de uma cesta ou mandar mensagens por baixo do mar teria sido mágica em outra época do mundo, mas se torna lugar-comum na época seguinte. Os fenômenos de Simla são mágica para a maior parte desta geração, mas a telegrafia psíquica pode se tornar, senão propriedade da humanidade em poucas gerações, pelo menos um fato da ciência tão inegável quanto o cálculo diferencial e sabidamente alcançável pelos estudantes apropriados. Que seja mais fácil de consegui-la em certas camadas da atmosfera do que em outras, já é sugestão prática que tende a retirá-la dos reinos da mágica ou, como poderíamos exprimir a mesma idéia de modo diferente, erguê-la na direção da ciência exata.

Aqui posso inserir a maior parte de uma carta dirigida por Koot Hoomi ao amigo mencionado na passagem anterior, e que iniciou correspondência com ele com referência à idéia que tinha alimentado de, sob certas condições, dedicar-se inteiramente ao ocultismo. Tal carta lança muita luz sobre algumas concepções dos ocultistas, e a sua metafísica, devemos lembrar, vai muito além da simples especulação abstrata.

CARO SENHOR,[31] valendo-me do primeiro momento de lazer para responder sua carta no dia 17 último, passo agora ao resultado de minha conferência com nossos chefes sobre a proposta ali contida, tentando ao mesmo tempo responder todas as suas perguntas.

"Em primeiro lugar devo agradecer-lhe, em nome de todo o setor da nossa fraternidade que está interessado no bem-estar da Índia, por uma oferta de ajuda cuja importância e sinceridade não podem ser postas em dúvida. Tendo a nossa linhagem passado pelas vicissitudes da civilização indiana desde um tempo muito distante, nós temos por nossa pátria um amor tão profundo e apaixonado que ele sobreviveu até mesmo ao efeito de ampliação e cosmopolitanização (perdoe-me se não se trata de palavra inglesa) de nossos estudos das leis da Natureza. Desse modo eu e cada patriota indiano sentimos a maior gratidão por qualquer palavra ou ato amável em nosso favor.

---

[31] Este texto consta na íntegra como Anexo I no volume *Cartas dos Mahatmas Para A.P. Sinnett*, Ed. Teosófica, Brasília. (N. ed. bras.)

Saiba portanto – já que estamos todos convencidos de que a degradação da Índia se deve em grande parte à asfixia da sua espiritualidade antiga, e de que tudo quanto ajude a restaurar esse padrão mais elevado de pensamento e de moralidade deve ser uma força nacional regeneradora – que cada um de nós estaria naturalmente e mesmo sem estímulos externos disposto a levar à frente uma sociedade cuja formação foi proposta e está em debate, ainda mais se realmente pretende tornar-se uma sociedade sem a mancha de motivações egoístas e cujo objetivo é o renascimento da ciência antiga, tendendo a recuperar o bom conceito mundial do nosso país. Fique certo disso, sem necessidade de mais explicações. Mas, como qualquer homem que já leu história, você sabe que os patriotas podem sacrificar-se em vão se as circunstâncias forem contra eles. Algumas vezes aconteceu que nenhum poder humano, nem mesmo a fúria e a força do patriotismo mais elevado, foi capaz de dobrar um destino feito de ferro, retirando-o do seu curso prefixado; e as nações têm caído, como archotes enfiados na água, na escuridão absorvente da ruína. Desse modo nós, que sentimos a decadência do nosso país, embora não tenhamos o poder de reerguê-lo de imediato, não podemos agir como gostaríamos nas questões deste caso particular. E com vontade, mas sem o direito de ir ao encontro das suas propostas mais do que metade do caminho, somos obrigados a dizer que a idéia alimentada pelo sr. Sinnett e por você próprio é em parte impraticável. É, em uma palavra, impossível a mim ou a qualquer Irmão, ou mesmo a um neófito avançado, assumir a tarefa especial e colocar-se como espírito-guia ou chefe da sua loja anglo-indiana. Sabemos que seria bom que você e alguns dos seus colegas fossem regularmente instruídos, sendo-lhes mostrados os fenômenos e sua explicação, pois embora ninguém ficasse convencido senão vocês poucos, ainda assim seria um ganho positivo ter mesmo alguns poucos ingleses, muito capacitados, como estudantes da psicologia asiática. Temos consciência de tudo isso e muito mais;

por isso não nos recusamos a corresponder-nos com vocês e os ajudamos de diversos modos, mas nos recusamos a assumir qualquer outra responsabilidade além desta correspondência e assistência periódica com nossa orientação e, como favores ocasionais, aquelas provas tangíveis e possivelmente visíveis que lhes demonstram nossa presença e interesse. Não aceitamos 'orientar' vocês. Por muito que nós possamos fazer, só podemos prometer dar-lhes exatamente o que merecem. Mereçam muito e nós nos mostraremos devedores honestos; mereçam pouco, e só poderão contar com um retorno justo. Isto não é um mero texto extraído de um livro de escola de 1º grau, embora o pareça; é apenas uma afirmação canhestra da lei de nossa ordem, que não podemos transgredir. Inteiramente desconhecedores dos modos de pensamento e ação ocidentais e especialmente dos ingleses, se fôssemos nos intrometer em organização de tal tipo, vocês veriam que todos os seus hábitos e tradições estabelecidos incessantemente se chocariam, senão com as novas metas em si mesmas, pelo menos com os modos de alcançá-las que nós sugerimos. Vocês não conseguiriam obter acordo unânime para ir nem mesmo até o ponto a que você, pessoalmente, pode. Eu pedi ao sr. Sinnett para redigir um plano incorporando as idéias de ambos a fim de apresentá-las a nossos chefes, porque este parecia ser o caminho mais curto para um acordo mútuo. Sob nossa 'orientação' sua filial não poderia viver, já que vocês não são homens que devam ser guiados, em absoluto, nesse sentido. A sociedade teria um nascimento prematuro e seria um fracasso, parecendo tão incongruente quanto uma carruagem parisiense puxada por uma junta de iaques ou camelos indianos. Vocês nos pedem para lhes ensinar a ciência verdadeira – o espectro oculto do lado conhecido da Natureza – e julgam que isso pode ser feito com a mesma facilidade com que foi pedido. Não parecem compreender as dificuldades tremendas que existem para transmitir até mesmo os rudimentos de nossa ciência àqueles que foram treinados nos métodos conhecidos por vocês. Não vêem que quanto mais conhecimento tiverem de uma, menos capazes serão de compreender instintivamente a outra, pois um homem só pode pensar sobre suas trilhas batidas e a menos que tenha coragem de eliminá-las e formar novas trilhas para si próprio, terá de prosseguir pelas linhas antigas. Permita-me apresentar alguns exemplos.

De acordo com a ciência exata, você reconhece apenas uma energia cósmica e não vê diferença entre a energia gasta pelo viajante que empurra para o lado um arbusto que obstrui o seu caminho e o experimentador científico que gasta quantidade igual de energia pondo um pêndulo em movimento. Nós vemos, pois sabemos que existe uma imensa diferença entre os dois. Um dissipa e espalha inutilmente a força, o outro a concentra e a armazena. E aqui, por favor, compreenda que não me refiro à utilidade relativa dos dois, como poderia alguém imaginar, mas apenas ao fato de que em um caso existe apenas a força bruta empregada sem qualquer transmutação dessa energia bruta na forma potencial mais elevada de dinâmica espiritual, e no outro acontece exatamente isso. Por favor, não me considere vagamente metafísico. A idéia que quero transmitir é que o resultado da percepção intelectual mais elevada, no cérebro cientificamente ocupado, é a evolução de uma força sublimada de energia espiritual que na ação cósmica produz resultados ilimitados, enquanto o cérebro que age automaticamente segura ou guarda em si apenas um certo quantum *de força bruta que é inútil para o indivíduo ou a humanidade. O cérebro humano é um gerador inesgotável, e da melhor qualidade, que produz força cósmica a partir da energia baixa e bruta da Natureza; e o adepto completo tornou-se um centro do qual se irradiam potencialidades que geram correlações e mais correlações durante épocas sem fim do tempo que virá. Esta é a chave do mistério pelo qual ele é capaz de projetar no mundo e materializar nele as formas que sua imaginação construiu a partir da matéria cósmica no mundo invisível. O adepto não cria qualquer coisa nova, mas apenas utiliza e manipula materiais que a Natureza apresenta ao redor dele, material que durante todas as eternidades passou por todas as formas. Ele tem apenas que escolher aquela que deseja e dar-lhe existência objetiva. Isso não pareceria, a um de seus biólogos 'eruditos', o sonho de um louco?*

Você diz que existem poucas áreas da ciência das quais não possui conhecimento maior ou menor, e que acredita estar fazendo certa quantidade de bem, tendo adquirido as condições de fazê-lo por longos anos de estudo. Não há dúvidas sobre isso; mas você vai-me permitir esboçar-lhe com mais clareza a diferença entre os métodos das ciências físicas – muitas vezes chamadas exatas como elogio – e as metafísicas. Estas últimas, como sabe, sendo incapazes de comprovação diante de platéias mistas, se vêem classificadas pelo sr. Tyndall como ficções poéticas. A ciência realista dos fatos, por outro lado, é inteiramente prosaica. Pois bem, para nós, pobres filantropos desconhecidos, nenhum fato de quaisquer dessas ciências é interessante a não ser na medida da possibilidade de produzir resultados morais, e na razão de sua utilidade para a humanidade. E nada, em seu isolamento orgulhoso, pode ser mais completamente indiferente a cada um e a cada coisa, ou mais inclinado a coisa alguma, exceto aos requisitos egoístas de seu avanço, do que essa ciência materialista dos fatos. Posso perguntar então (......), o que as leis de Faraday, Tyndall ou outras têm a ver com a filantropia em suas relações abstratas com a humanidade, encarada como um todo inteligente? Que preocupação têm elas com o Homem *como átomo isolado deste grande e harmonioso conjunto, embora às vezes possam ser de uso prático para ele? A energia cósmica é algo eterno e incessante; a matéria é indestrutível: e aqui temos os fatos científicos. Duvide deles e você será um ignorante; negue-os e será um lunático perigoso, um fanático; alegue que quer melhorar as teorias e será um charlatão impertinente. E no entanto mesmo esses fatos científicos jamais foram considerados qualquer prova, para o mundo dos experimentadores, de que a Natureza conscientemente prefere que a matéria seja mais indestrutível sob formas orgânicas que sob formas inorgânicas, e que ela trabalhe lenta mas incessantemente para a realização desse objetivo – a evolução da vida consciente a partir do material inerte.*

Daí a ignorância deles quanto à dispersão e materialização da energia cósmica em seus aspectos metafísicos; sua divisão quanto às teorias de Darwin, sua incerteza quanto ao grau de vida consciente em elementos separados e, inevitavelmente, sua rejeição desdenhosa de todos os fenômenos exceto nas condições que eles determinam da própria idéia de mundos de forças semi-inteligentes, senão intelectuais, em funcionamento em cantos ocultos da Natureza. Para lhe dar outro exemplo prático – notamos uma vasta diferença entre as duas quantidades iguais de energia gastas por dois homens dos quais um, vamos supor, está tranqüilamente a caminho de seu trabalho diário, e o outro a caminho de denunciar um semelhante seu na delegacia de polícia , enquanto os homens da ciência não vêem diferença alguma; e nós – não eles – vemos uma diferença nítida entre a energia no movimento do vento e no de uma roda que gira. Por quê? Porque cada pensamento do homem, ao ser produzido, passa ao mundo interno e se torna uma entidade ativa associando-se – amalgamando-se, poderíamos dizer – com um elemental, isto é, com uma das forças semi-inteligentes dos reinos. Ele sobrevive como inteligência ativa – uma criatura gerada pela mente – por um período mais curto ou mais longo, proporcionalmente à intensidade da ação cerebral que o gerou. Desse modo um bom pensamento é perpetuado como força ativa e benéfica, o mau pensamento como demônio maléfico. O homem está constantemente ocupando sua corrente no espaço com seu próprio mundo, um mundo povoado com a prole de suas fantasias, desejos, impulsos e paixões; uma corrente que reage sobre qualquer organização sensível ou nervosa que entre em contato com ela na proporção da sua intensidade dinâmica. A isto os budistas chamam 'Skandha'.[32] Os hindus lhe dão o nome de 'Carma'. O adepto produz essas formas conscientemente; outros homens as atiram fora inconscientemente.

Para ser bem-sucedido e conservar seu poder, o adepto deve morar em solidão e mais ou menos dentro de sua própria alma. A ciência exata percebe ainda menos que enquanto a formiga trabalhadora, a abelha ocupada e o pássaro que faz seu ninho acumulam, cada um deles, a seu modo humilde, tanta energia cósmica potencial quanto um Haydn, um Platão ou um lavrador que trabalha sua terra; cada um a seu modo; o caçador que mata pelo prazer ou pelo lucro, o positivista que usa seu intelecto para provar que + x + = $-^{33}$, estão desperdiçando e espalhando energia não menos do que o tigre que salta sobre a presa. Todos eles roubam a Natureza em vez de enriquecê-la, e todos eles, na medida da sua inteligência, verificarão que terão de pagar por isso.

A ciência experimental exata nada tem a ver com a moralidade, a virtude, a filantropia – por isso não pode reivindicar qualquer ajuda nossa até que ela se una à metafísica. Sendo apenas uma classificação fria de fatos externos ao homem e existentes antes e depois dele, seu campo de utilidade cessa para nós nas fronteiras externas desses fatos; e sejam quais forem as inferências e os resultados para a humanidade a partir dos materiais adquiridos por seu método, ela pouco se importa com isso. Desse modo, como nossa esfera se situa inteiramente fora dela – tão distante quanto a

---

[32] No original, um erro de revisão: "Shandba". Na verdade trata-se da palavra "Skandha", que consta desta mesma carta no volume *Cartas dos Mahatmas Para A.P. Sinnett*. (N. ed. bras.)

[33] Em matemática, + x + = +; assim, o positivista não está sendo verdadeiro. (N. ed. bras.)

trajetória de Urano está da trajetória da Terra – nós claramente nos recusamos a ser destruídos por qualquer engrenagem construída por ela. O calor é apenas uma forma de movimento para ela, e o movimento cria calor, mas o motivo pelo qual o movimento mecânico da roda que gira deve ser, metafisicamente, de valor mais alto do que o calor no qual gradualmente se transforma, ainda está por ser descoberto. A noção filosófica e transcendental (e por isso absurda) dos teosofistas medievais de que o progresso final do trabalho humano, auxiliado pelas descobertas incessantes do homem, deve um dia culminar em um processo que, imitando a energia do Sol – em sua função de motor direto –, resultará na produção de alimento nutritivo a partir da matéria inorgânica, é impensável para os homens da ciência. Se o Sol, o grande pai nutriente de nosso sistema planetário, chocasse pintinhos de granito a partir de uma pedra 'em condições verificáveis' amanhã, eles (os cientistas) o aceitariam como fato científico sem lamentar uma só vez que os pintinhos não tivessem vida para nutrir os famintos e subnutridos. Mas se um shaberon *cruzar os Himalaias em uma época de fome e multiplicar sacos de arroz para as multidões moribundas – como ele pode fazer – os seus magistrados e fiscais provavelmente o colocarão na prisão para fazê-lo confessar de que depósito roubou. Assim são a ciência exata e seu mundo realista. E apesar, como você diz, de você estar impressionado pela vasta extensão da ignorância do mundo sobre todos os assuntos, que você corretamente descreve como 'alguns poucos fatos palpáveis reunidos, e grosseiramente generalizados, com um jargão técnico criado para esconder a ignorância humana sobre tudo que está além destes fatos', e embora você fale de sua fé nas possibilidades infinitas da Natureza, ainda assim você se satisfaz dedicando sua vida a um trabalho que contribui apenas para as mesmas ciências exatas. (.....)*

Das suas várias perguntas, com sua licença, nós discutiremos inicialmente a relativa à suposta incapacidade da

'Fraternidade' de deixar 'qualquer marca na história do mundo'. Os membros da Fraternidade deveriam, você pensa, ter sido capazes, graças às suas vantagens extraordinárias, de 'reunir em suas escolas uma parte considerável das mentes mais esclarecidas de cada raça'. Como você sabe que eles não deixaram tal marca impressa? Você conhece bem os seus esforços, êxitos e fracassos? Você tem qualquer base a partir da qual acusá-los? Como poderia o seu mundo reunir provas sobre as ações de homens que mantiveram laboriosamente fechada toda porta pela qual o curioso pudesse espioná-los? A primeira condição para o êxito deles é que não sejam jamais supervisados ou obstruídos. Eles sabem o que eles têm feito; os que estão do lado de fora do seu círculo só podem observar resultados, cujas causas foram afastadas do campo de visão. Para explicar estes resultados, em diferentes épocas os homens têm criado diferentes teorias sobre a interferência de deuses, providências especiais, destinos, e a influência benigna ou hostil das estrelas. Nunca houve uma época, antes ou durante o período histórico, em que os nossos predecessores não estivessem moldando os acontecimentos e 'fazendo história', cujos fatos foram a seguir sempre distorcidos pelos historiadores para que se adaptassem aos preconceitos da época. Você tem completa certeza de que as figuras heróicas visíveis, nos seus dramas sucessivos, não foram freqüentemente apenas suas marionetes? Nunca tivemos a pretensão de levar o conjunto das nações a este ou àquele momento decisivo, apesar do rumo geral das relações cósmicas do mundo. Os ciclos devem percorrer suas rondas. Períodos de luz e escuridão – no plano mental como no plano moral – devem suceder-se uns aos outros assim como o dia e a noite. Os yugas maiores e menores devem ser concretizados de acordo com a ordem estabelecida das coisas. E nós, carregados pela poderosa maré, só podemos modificar e direcionar algumas das suas correntes menores. Se tivéssemos o poder do Deus Pessoal imaginário, e as leis universais e imutáveis fossem apenas brinquedos em nossas mãos, realmente nós poderíamos haver criado condições que teriam transformado esta terra em uma arcádia[34] de almas elevadas. Mas tendo que lidar com uma lei imutável, e sendo nós próprios filhos desta lei, temos feito o que podemos, e somos gratos. Houve ocasiões em que 'uma parte considerável de mentes esclarecidas' recebeu instrução em nossas escolas. Houve épocas assim na Índia, na Pérsia, no Egito, na Grécia e em Roma. Mas, como destaquei em uma carta para o sr. Sinnett, o adepto é a floração da sua época, e relativamente poucos adeptos aparecem durante o período de um século. A terra é um campo de batalha tanto de forças morais quanto de forças físicas, e a turbulência da paixão animal, sob o estímulo das energias rudes do grupo inferior de agentes etéricos, sempre tende a sufocar a espiritualidade. O que mais se poderia esperar de homens que estão em uma relação tão íntima com o reino inferior do qual surgiram? Também é verdade que agora nossos números estão diminuindo, mas isso é porque, como já disse, nós pertencemos à raça humana, estamos sujeitos ao seu impulso cíclico e não temos o poder de revertê-lo. Você poderia fazer o Gunga ou o Brahmaputra[35] voltarem às suas nascentes? Você poderia, ao menos, conter suas águas sem que as margens ficassem inundadas? Não; mas você pode puxar parte da corrente para canais e usar o seu poder hidráulico para o bem da humanidade. Assim também nós, que não podemos impedir o mundo de ir na direção que lhe é destinada, podemos no entanto deslocar parte da sua energia para canais úteis. Pense em nós como semideuses, e minha explicação não o satisfará; veja-nos como simples homens – talvez um pouco mais sábios

---

[34] Arcádia – região da Grécia antiga associada à poesia, ao campo e à vida natural. (N. ed. bras.)
[35] Gunga (Ganges) e Brahmaputra – grandes rios indianos. (N. ed. bras.)

devido a estudos especiais – e isto deve poder responder à sua objeção.

'Qual é o bem', você pergunta, 'a ser alcançado por meus semelhantes e por mim mesmo (as duas coisas são inseparáveis) através destas ciências ocultas?' Quando os nativos perceberem que os ingleses, e mesmo alguns altos funcionários britânicos na Índia, têm interesse em sua ciência e suas filosofias ancestrais, eles próprios se dedicarão abertamente ao seu estudo. E quando compreenderem que os velhos fenômenos 'divinos' não eram milagres, mas efeitos científicos, a superstição diminuirá. Assim, o maior mal que oprime e retarda agora o renascimento da civilização indiana desaparecerá a seu devido tempo. A tendência atual da educação é formar pessoas materialistas e eliminar a espiritualidade. Com uma compreensão adequada do que os seus ancestrais queriam dizer com seus escritos e ensinamentos, a educação se tornará uma bênção, enquanto que agora ela é freqüentemente uma maldição. Atualmente tanto os nativos cultos como os incultos vêem os ingleses como demasiado preconceituosos, por causa da sua religião cristã e da ciência moderna, para buscarem compreendê-los ou entender suas tradições. Eles têm ódio e desconfiança recíprocos. Esta nova atitude em relação à filosofia mais antiga influenciaria os príncipes nativos e os homens ricos no sentido de doarem recursos para escolas que garantem a educação dos pândits;[36] *velhos manuscritos, até aqui mantidos longe do alcance dos europeus, novamente viriam à luz, e com eles a chave para grande parte daquilo que foi negado durante eras à compreensão popular, e que não desperta atenção dos seus sanscritistas céticos, enquanto os seus missionários religiosos não ousam compreendê-lo. A ciência teria muito, e a humanidade teria tudo a ganhar. Sob o estímulo da Sociedade Teosófica anglo-indiana, com o devido tempo, nós podería-*

---

[36] *Pândits* – eruditos indianos.

mos ver o surgimento de outra era dourada da literatura sânscrita (.....)
No Ceilão, vemos os mais eruditos sacerdotes unindo-se, sob a liderança da Sociedade Teosófica, em uma nova exegese da filosofia budista, e em Galle[37], dia 15 de setembro, uma Escola Teosófica, leiga, dedicada ao ensino de crianças ceilandesas, foi inaugurada com a presença de mais de 300 pessoas, um exemplo que deve ser seguido em três outros pontos daquela ilha. Se a Sociedade Teosófica, 'tal como constituída atualmente' não tem de fato 'real vitalidade', e no entanto, da sua maneira modesta, tem feito tamanho bem prático, que resultados, muito maiores, não podem ser previstos a partir de uma organização formada com base em um plano melhor, como você pode sugerir?

Os mesmos fatores que estão materializando a mente hindu afetam igualmente todo o pensamento ocidental. A educação entroniza o ceticismo, mas aprisiona a espiritualidade. Você pode fazer um bem imenso ajudando a dar às nações ocidentais uma base segura sobre a qual reconstruir sua fé agora em desintegração. E o que elas precisam é das provas que só a psicologia asiática pode dar. Dê-lhes isso, e você terá transmitido felicidade mental a milhares de pessoas. A era da crença cega terminou; está aqui a era da investigação. A investigação que só desmascara o erro, sem descobrir nada sobre o qual a alma possa construir, só produzirá iconoclastas. A iconoclastia, por causa da sua própria destrutividade, não pode dar nada; só pode destruir. O homem não pode ficar satisfeito com a mera negação. O agnosticismo é apenas uma pausa temporária. Este é o momento de guiar o impulso recorrente que logo deve vir, e que levará a era atual em direção ao ateísmo extremo, ou a levará de volta para o sacerdotalismo extremo, se ela não for conduzida até a filosofia primitiva dos arianos, que satisfaz a alma.

---

[37] Galle – porto de mar na região sudoeste do antigo Ceilão, atual Sri Lanka. (N. ed. bras.)

Quem observa o que está ocorrendo hoje, de um lado entre os católicos, que estão criando milagres com a mesma rapidez com que as formigas criam seus filhotes, e de outro lado entre os livre-pensadores, que estão se transformando em massa em agnósticos – vê o rumo das coisas. A época atual está perdendo-se em um excesso de fenômenos. Os mesmos fatos maravilhosos que os espíritas mencionam em oposição aos dogmas da eterna perdição e da salvação vicária, os católicos se aglomeram para testemunhar, como provas da sua fé em milagres. Os céticos riem de ambos. Todos estão cegos, e não há ninguém para guiá-los. Você e seus colegas podem ajudar a fornecer os materiais necessários para uma filosofia religiosa universal; uma filosofia que não pode ser derrotada por ataques científicos, porque ela própria é a meta da ciência absoluta e de uma religião que seja realmente digna de seu nome, já que inclui as relações entre o homem físico e o homem psíquico, e destes dois com tudo o que está acima e abaixo deles. Isso não merece um pequeno sacrifício? E se, depois de refletir, você decidir adotar este novo rumo, que fique claro que a sua sociedade não é um clube de milagres ou de banquetes, nem é especialmente inclinada ao estudo do fenomenalismo. Sua principal meta é extirpar as atuais superstições e o ceticismo, e retirar, de fontes antigas e há muito tempo fechadas, as provas de que o homem pode criar seu próprio destino, e saber com segurança que ele pode viver assim desde agora, bastando que ele queira isso, e que todos os 'fenômenos' são apenas manifestações da lei natural, e que tentar compreender esta lei é dever de todo ser inteligente".

Até aqui eu nada disse das circunstâncias em que essas diversas cartas chegaram às minhas mãos. Em comparação com o interesse intrínseco das idéias que elas contêm, as condições extraordinárias em que algumas delas foram entregues só podem ter interesse secundário para os leitores que apreciam sua filosofia. Mas cada elemento de evidência ou prova que ajuda a demonstrar a natureza dos poderes que os adeptos usam merece atenção, embora a explicação destes poderes continue oculta ao mundo. O fato de sua existência só pode ser comprovado pelo acúmulo destas indicações, enquanto formos incapazes de provar sua possibilidade por uma análise das capacidades latentes no homem.

Meu amigo a quem a última carta foi endereçada escreveu uma resposta longa e depois outra carta a Koot Hoomi. Ele a entregou a mim pedindo que a lesse e depois a fechasse e mandasse ou entregasse à sra. Blavatsky para transmissão. Ele esperava que ela estivesse por essa ocasião em minha casa em Allahabad, vinda de Amritsar e Lahore onde, como já indiquei, permanecera por algum tempo após nosso grupo ter terminado sua estadia em Simla. Fiz como ele quis e dei a carta a ela, depois de colar e fechar o envelope reforçado em que me entregara. Essa noite, horas depois e voltando para casa a fim de jantar, verifiquei que a carta se fora e voltara outra vez. A sra. Blavatsky me disse que estivera conversando com uma visita em seu próprio quarto e estivera manuseando um lápis azul sobre a escrivaninha sem perceber o que fazia quando, de repente, notou que o papel no qual escrevia era minha carta, da qual o destinatário se apoderara por seus próprios meios, uma ou duas horas antes. Descobriu que enquanto conversava sobre outro assunto, escrevera inconscientemente no envelope as palavras que ali se achavam: "Lido e devolvido com agradecimentos e alguns comentários. Por favor abra". Examinei com muito cuidado o envelope e estava absolutamente intacto, suas abas de fechar permaneciam exatamente como eu as fizera. Abrindo-o descobri a carta que continha quando eu a enviara e outra, vinda de Koot Hoomi a mim, comentando a primeira com a ajuda de uma série de números a lápis que se referiam a trechos determinados na carta original – outro exemplo da passagem de matéria através de matéria que, para milhares de pessoas que a vivenciaram, especialmente no espiritismo, é algo tão certo como o fato do sol nascer e que encontrei agora não apenas em sessões espíritas como, segundo demonstrará este registro, em muitas ocasiões em que não há motivo para desconfiar de qualquer outra intermediação senão a de seres vivos cujas faculdades todos podemos possuir, embora apenas no caso deles o conhecimento tenha desenvolvido o potencial até a realização de fenômenos.

Os críticos descrentes, pondo de lado as garantias referentes aos fenômenos anteriores que descrevi e discutindo esse incidente isolado da carta, dirão talvez – "está claro, a sra. Blavatsky teve tempo suficiente para abrir o envelope por meios iguais aos dos médiuns que dizem obter respostas de cartas fechadas vindas do mundo espiritual". Mas em primeiro lugar a prova do telegrama de Jhelum e a comprovação inerente a toda a correspondência demonstram que as cartas que me vêm e nas quais reconheço a caligrafia de Koot Hoomi não são obra da sra. Blavatsky de modo algum; em segundo lugar, vamos comparar o incidente que acabei de descrever a outro fato muito semelhante que ocorreu pouco depois em circunstâncias diferentes. Koot Hoomi me enviara uma carta dirigida a meu amigo a fim de que a lesse e passasse adiante.

No caso dessa carta, antes de a enviar, tive ocasião de fazer uma comunicação a Koot Hoomi. Escrevi-lhe um bilhete, fechei-o em um envelope adesivo comum e o entreguei à sra. Blavatsky. Ela o pôs no bolso e se dirigiu ao seu quarto, que dava para a sala de estar e saiu de lá quase instantaneamente. Por certo não estivera fora do aposento nem por trinta segundos e disse que "ele" a recebera de imediato. Em seguida me acompanhou de volta pela casa a meu gabinete, falou por alguns minutos no aposento ao lado com minha esposa e regressando a meu gabinete deitou-se em um sofá. Prossegui com meu trabalho e talvez uns dez minutos se tenham passado, talvez menos. De súbito ela se levantou. "Ali está sua carta", disse-me, apontando para a almofada da qual acabara de levantar a cabeça; e lá estava a carta que eu acabara de escrever, intacta no tocante ao aspecto geral, mas com o nome de Koot Hoomi escrito do lado de fora, o dele riscado e o meu escrito por cima. Após um exame completo abri o envelope e encontrei dentro dele a folha de meu bilhete com a resposta que pedia, na caligrafia de Koot Hoomi. Pois bem, a não ser pelos trinta segundos em que ela se retirou para o seu próprio quarto, a sra. Blavatsky não estivera fora de minha vista a não ser por um minuto ou dois no quarto de minha esposa durante o intervalo curto transcorrido entre a entrega da carta por mim a ela e sua devolução a mim, como descrevi. E durante esse intervalo ninguém mais entrara em meu aposento. O incidente era uma prova mecânica tão absoluta e completa de poder anormal exercido para produzir um resultado que não poderia haver outra melhor. A não ser pela afirmação de que não a estou descrevendo corretamente, até o partidário mais decidido do lugar-comum será inteiramente incapaz de contradizer a força desse incidente. Ele pode se refugiar no ridículo idiota, ou pode declarar que estou distorcendo os fatos. No que tange a essa última hipótese só posso apresentar minha palavra, o que faço agora, quanto à precisão exata da declaração.

Em um ou dois casos recebi respostas de Koot Hoomi às minhas cartas em meus próprios envelopes, tendo estes permanecido intactos como lhe haviam sido endereçados, mas com o endereço mudado e minha carta desaparecida do interior, com sua resposta tomando-lhe o lugar. Em dois ou três casos encontrei mensagens curtas de Koot Hoomi escritas nos espaços vazios de cartas de outras pessoas que me vinham pelo correio, sendo os autores nesse caso sabiamente desconhecedores dos acréscimos feitos às suas epístolas.

Naturalmente, que pedi a Koot Hoomi uma explicação sobre tais fenômenos menores, mas é mais fácil para mim perguntar do que para ele responder, em parte porque as forças que os adeptos usam na questão para obter resultados anormais são de um tipo que a ciência comum conhece tão pouco a ponto de nós, no mundo externo, não estarmos preparados para tais explicações; e em parte também porque a manipulação das forças empregadas tem a ver às vezes com segredos de iniciação que um ocultista não deve revelar. Com referência à questão que examinamos agora, todavia, recebi certa vez esta pista como explicação:

"(.....) Além disso tenha presente que estas minhas cartas não são escritas, porém impressas ou precipitadas, e então todos os erros e enganos são corrigidos".

É claro que eu queria saber mais sobre tal precipitação; era um processo que acompanhava o pensamento com mais rapidez do que qualquer outro meio de comunicação por nós conhecido? E no que tange às cartas recebidas, o significado delas penetrava a compreensão de um destinatário oculto imediatamente ou eram lidas do modo comum?

"Naturalmente, tenho de ler cada palavra que você escreve: se não fosse assim, eu faria uma grande confusão. E, quer eu use minha visão física ou espiritual, o tempo necessário para a leitura é praticamente o mesmo. O mesmo pode ser dito das minhas respostas. Porque, quer eu as 'precipite', as dite ou as escreva pessoalmente, a diferença, em tempo economizado, é muito pequena. Devo pensar bem, fotografando cuidadosamente cada palavra e frase no meu cérebro antes que possa ser repetida por 'precipitação'. Assim como a fixação das imagens formadas em uma câmara em superfícies quimicamente preparadas requer um prévio ajuste do foco do objeto a ser representado, pois de outra maneira – como freqüentemente se encontra em más fotografias – as pernas de quem está sentado aparecem fora de proporção em relação à cabeça, e assim por diante, do mesmo modo temos primeiro de arrumar as nossas frases e imprimir cada letra que irá aparecer no papel em nossas mentes, antes que estejam prontas para serem lidas. No momento isto é tudo o que posso contar a você. Quando a ciência houver descoberto

mais sobre o mistério da litofilia[38] *(ou lithobiblion) e sobre o modo como a impressão de folhas ocorre originalmente em pedras, então serei capaz de fazê-lo compreender melhor o processo. Mas você deve saber e lembrar uma coisa: nós apenas seguimos e humildemente copiamos a Natureza em suas funções".*

Em outra carta Koot Hoomi se estende mais sobre a dificuldade de tornar inteligíveis as explicações ocultas às mentes treinadas apenas pela ciência moderna.[39]

"Só o progresso que uma pessoa faça no estudo do conhecimento Arcano a partir dos elementos rudimentares a leva a compreender gradualmente o nosso propósito. Somente assim, e não de outra forma, ela o faz fortalecendo e refinando aqueles misteriosos laços de simpatia que unem os seres inteligentes – fragmentos temporariamente isolados da Alma universal e da própria Alma cósmica – trazendo-os a uma completa harmonia. É assim, e não de outro modo, que essas simpatias despertadas servirão, na verdade, para conectar o ser humano com aquilo que, na falta de um termo científico europeu mais adequado, sou novamente compelido a descrever como aquela cadeia energética que une o cosmo material e imaterial – passado, presente e futuro – acelerando as suas percepções de modo que ele capte claramente não apenas todas as coisas materiais, mas também as espirituais. Sinto-me até irritado ao ter que usar essas três palavras desajeitadas, passado, presente e futuro! Como conceitos miseravelmente estreitos de fases objetivas do Todo Subjetivo, elas são tão inadequadas nesse sentido quanto seria um machado para fazer um trabalho delicado de escultura. Ah, meu pobre amigo decepcionado, gostaria que você já estivesse tão

---

[38] *Litofilia*: no original, *lythophyl*. A palavra se refere à afinidade de um determinado elemento químico presente na terra em relação às rochas da crosta terrestre. Tal elemento poderia ser chamado de *litófilo*, devido a esta afinidade. (N. ed. bras.)

[39] Veja a Carta nº 15, no volume *Cartas dos Mahatmas Para A.P. Sinnett*. (N. ed. bras.)

avançado no CAMINHO que essa simples transmissão de idéias não fosse obstaculizada por condições materiais, e a união da sua mente com a nossa não fosse impedida por suas próprias incapacidades induzidas. Essa é, infelizmente, a limitação herdada e auto-adquirida da mente ocidental. Mesmo as frases que expressam o pensamento moderno foram desenvolvidas até tal ponto na linha do materialismo prático que na atualidade é quase impossível, tanto para os ocidentais compreender-nos, quanto para nós expressarmos, nos seus idiomas, algo dessa maquinaria delicada e aparentemente ideal do Cosmo Oculto. Em uma pequena medida esta capacidade pode ser adquirida pelos europeus através do estudo e da meditação – mas não mais que isso. E aqui está a barreira que impediu, até agora, que o conhecimento das verdades teosóficas ganhasse mais terreno nas nações ocidentais, e levou os filósofos ocidentais a deixarem de lado o estudo teosófico como algo inútil e fantástico. Como poderei ensinar você a ler e escrever ou mesmo a compreender um idioma no qual não há até agora nenhum alfabeto palpável, nem palavras audíveis para você? Como poderiam os fenômenos da nossa ciência elétrica moderna ser explicados, digamos, a um filósofo grego do tempo de Ptolomeu que fosse chamado subitamente à vida, com essa distância intransponível entre as descobertas daquela época e as da nossa? Não seriam para ele os próprios termos técnicos um jargão ininteligível, um abracadabra de sons incompreensíveis, e os próprios instrumentos e aparelhos usados, apenas monstruosidades 'miraculosas'? E suponhamos, por um instante, que eu descrevesse a você os matizes daquelas cores que estão além do chamado 'espectro visível' – cores invisíveis a todos nós com poucas exceções; ou que eu explicasse como é possível fixar no espaço qualquer uma das chamadas cores acidentais ou subjetivas – e também o complemento (para falarmos matematicamente) de qualquer outra cor de um corpo dicromático (o que por si só soa como um absurdo); você pensa que poderia compreender o efeito ótico dessas cores, ou mesmo o que quero dizer? E como você não vê estes raios, nem possui qualquer nome para eles até agora na Ciência, se eu lhe dissesse: 'Meu bom amigo Sinnett, por favor, sem sair da sua escrivaninha, tente buscar e fazer aparecer diante dos seus olhos o espectro solar completo, decomposto em quatorze cores prismáticas (sete são complementares), pois é só com o auxílio daquela luz oculta que você poderá ver-me à distância assim como eu o vejo'.... qual seria a sua resposta? O que você teria a replicar? Não iria muito provavelmente me retrucar, dizendo, do seu modo calmo e amável, que, como nunca houve mais que sete cores primárias (agora três), as quais, além disso, nunca foram decompostas até hoje por nenhum processo físico conhecido a não ser nos sete matizes prismáticos, o meu convite era tão 'não-científico' quanto 'absurdo'? Se acrescentarmos a isso que a minha oferta para buscar um imaginário 'complemento' solar não seria uma homenagem ao seu conhecimento da ciência física, eu faria melhor, talvez, procurando no Tibete os meus míticos 'pares dicromáticos' e solares, pois a ciência moderna foi até agora incapaz de encontrar uma teoria para um fenômeno tão simples como o das cores de todos esses corpos dicromáticos. E na verdade essas cores são bastante objetivas!

Assim você vê as dificuldades intransponíveis para se alguém que esteja em sua situação alcançar não só conhecimento absoluto, mas mesmo o conhecimento primário da Ciência Oculta. Como você poderia fazer-se entender – comandar, de fato, essas forças semi-inteligentes, cujo modo de comunicação conosco não é através de palavras faladas, mas através de sons e cores, em correlação com as vibrações dos dois? Pois o som, a luz e as cores são os principais fatores na formação destas ordens de inteligências, desses seres, de cuja existência você não tem qualquer idéia, nem lhe é permitido acreditar neles. Ateus e cristãos, materialistas e espíritas, todos apresentam argumentos contra tal crença. A Ciência se volta mais fortemente que qualquer um deles contra uma 'superstição tão degradante'!

Assim, porque eles não podem atingir os pináculos da Eternidade com um salto sobre os muros limitadores; e porque nós não podemos escolher um selvagem qualquer do centro da África e fazer com que ele compreenda imediatamente os Principia[40] *de Newton ou a Sociologia de Herbert Spencer; nem fazer com que uma criança analfabeta escreva uma nova Ilíada no antigo grego arcaico; ou que um pintor comum descreva cenas de Saturno ou faça um esboço dos habitantes de Arcturus[41] – por causa de tudo isto a nossa própria existência é negada. Sim, por essa razão aqueles que acreditam em nós são chamados de impostores e tolos, e a própria ciência que conduz à mais alta meta do conhecimento superior, à percepção real da Árvore da Vida e de Sabedoria, é desprezada como um vôo desenfreado da Imaginação!"*

A passagem seguinte ocorre em outra carta, mas tem a ver naturalmente com o trecho a que acabei de me referir[42]:

"As verdades e os mistérios do Ocultismo constituem, na verdade, um conjunto da mais alta importância espiritual, ao mesmo tempo profundo e prático para o mundo em geral.

---

[40] O Mahatma se refere à obra *Philosophiae Naturalis Principia Mathematica*, ou *Princípios Matemáticos da Filosofia Natural*, que Isaac Newton (1642-1727) começou a escrever em março de 1686 e cuja primeira edição foi publicada em 1687. (N. ed. bras.)

[41] *Arcturus*. O Mahatma menciona a existência de habitantes em Arcturus. Trata-se de uma das estrelas mais brilhantes do hemisfério norte, em linha quase direta com a cauda da Constelação Ursa Maior. A palavra *Arcturus*, derivada do grego, significa "guarda do urso". Arcturus é uma estrela gigante, de cor laranja, situada a 40 anos-luz do nosso Sol, e pertence à constelação Bootes, da qual é a estrela mais brilhante. Dane Rudhyar escreve que é uma das primeiras estrelas mencionadas em registros remotos (*A Dimensão Galáctica da Astrologia*, Ed. Pensamento, SP. p. 184). Ana Maria Costa Ribeiro afirma que se atribui a Arcturus a existência de uma antiga civilização extraterrestre (*Conhecimento da Astrologia*, A.M. Costa Ribeiro, Ed. Novo Milênio, RJ, 1996, p. 549). Para haver uma civilização lá, Arcturus deve ser um Sol com pelo menos um planeta habitável. Astrologicamente, Arcturus é uma estrela fixa a 23º 36, de Libra, segundo Costa Ribeiro. (N. ed. bras.)

[42] Veja a Carta nº 12, em *Cartas dos Mahatmas Para A.P. Sinnett*. (N. ed. bras.)

Entretanto eles não estão sendo dados a vocês como mais um acréscimo à massa confusa de teorias e especulações do mundo da ciência, mas em função do seu efeito prático sobre o interesse da humanidade. Os termos 'não-científico', 'impossível', 'alucinação', 'impostor', têm sido usados até agora de maneira muito livre e descuidada, dando a entender que há nos fenômenos ocultos algo de misterioso e anormal, ou uma impostura premeditada. Eis por que os nossos chefes decidiram lançar sobre umas poucas mentes receptivas mais luz a respeito do assunto, provando-lhes que tais manifestações obedecem tanto à lei quanto aos fenômenos mais simples do universo físico. Os pretensiosos dizem: 'a época dos milagres já passou', mas nós respondemos, 'ela nunca existiu!' Estes fenômenos não são únicos, mas têm suas contrapartidas na História Universal, e devem exercer e exercerão *uma enorme influência sobre o mundo dos fanáticos e dos céticos. Eles têm que ser tanto destrutivos como construtivos: destrutivos em relação aos erros malignos do passado, aos velhos credos e superstições que sufocam toda humanidade no seu abraço, que é venenoso como uma erva má; construtivos em relação às novas instituições de uma fraternidade da humanidade autêntica e prática, onde todos serão colaboradores da Natureza e trabalharão para o bem da humanidade com, e por meio dos mais elevados Espíritos Planetários – os únicos 'espíritos' em que acreditamos."*[43]

"Elementos fenomênicos nunca pensados e jamais sonhados em pouco tempo estarão manifestando-se a cada dia com força maior, e revelarão, finalmente, os segredos do seu misterioso funcionamento. Platão estava certo. As idéias governam o mundo; e à medida que as mentes dos homens receberem novas idéias, deixando de lado as idéias velhas e estéreis, o mundo avançará, revoluções surgirão, crenças e

---

[43] O parágrafo seguinte foi omitido da nossa edição. Traduzimos o texto integral da edição fac-similar de *Kessinger Publishing;* E.U.A. (4ª edição inglesa). (N. ed. bras.)

mesmo poderes IRÃO cair por terra devido ao seu avanço, esmagados por sua força irresistível. Será tão impossível resistir à sua influência, quando chegar o momento, quanto interromper o progresso das marés. Mas tudo isso ocorrerá gradualmente, e antes que ocorra nós temos todos uma tarefa diante de nós: a de eliminar tanto quanto possível a escória deixada a nós pelos nossos piedosos antecessores. Idéia novas devem ser plantadas em lugares limpos, porque estas idéias abordam os assuntos mais graves. O que nós estudamos não são fenômenos físicos, mas estas idéias universais; e para compreender os fenômenos, é preciso primeiro compreendê-las. Elas dizem respeito à verdadeira posição do homem no universo, em relação aos seus nascimentos anteriores e futuros; à sua origem e destino último; à relação do que é mortal com que o é imortal, do temporário com o eterno, do finito com o infinito; idéias maiores, mais grandiosas, mais abrangentes, que reconhecem o reino eterno da lei imutável, inalterada e inalterável, e em relação à qual há apenas um ETERNO AGORA; enquanto que, para os mortais não-iniciados, o tempo é passado ou futuro, conforme se relaciona à sua existência finita neste pedaço de barro. Isto é o que nós estudamos, e o que muitos já compreenderam (.....) Enquanto isso, sendo humano, tenho de descansar. Há mais de sessenta horas que não durmo."

Eis algumas linhas escritas pelas mãos de Koot Hoomi em carta que não foi dirigida a mim. Elas cabem perfeitamente nesta série de citações.[44]

"Seja como for, estamos contentes de continuar vivendo, desconhecidos e imperturbados por uma civilização que se apóia tão exclusivamente no intelecto. Tampouco nos sentimos, de modo algum, ansiosos pelo ressurgimento de nossas antigas artes e elevada civilização, porque elas certamente ressurgirão no momento certo, e de forma ainda mais

---

[44] Parte da Carta nº 11 do volume *Cartas dos Mahatmas Para A.P. Sinnett.* (N. ed. bras.)

elevada, assim como os plesiossauros e megatérios[45] *no devido tempo. Temos a tendência de acreditar em ciclos que voltam sempre periodicamente e esperamos poder acelerar a ressurreição do que já passou e se foi. Nós não poderíamos impedi-la ainda que quiséssemos. A 'nova civilização' será apenas filha da antiga, e nos basta deixar que a lei eterna siga o seu próprio curso para que os nossos mortos saiam dos seus sepulcros; mas estamos certamente ansiosos por acelerar o desejado acontecimento. Não tenha medo; embora 'nos apeguemos supersticiosamente aos restos do passado', o nosso conhecimento não irá para longe da visão humana. Ele é um 'presente dos deuses' e a mais preciosa de todas as relíquias. Os guardiões da Luz sagrada não atravessaram vitoriosamente tantos séculos para naufragarem por bater nas rochas do ceticismo moderno. Nossos pilotos são marinheiros demasiado hábeis para que haja perigo de ocorrer tal desastre. Sempre acharemos voluntários para substituir as sentinelas cansadas, e o mundo, mau como o é no atual período de transição, ainda pode nos fornecer alguns homens de quando em quando."*

Voltando à minha própria correspondência e à última carta que recebi de Koot Hoomi antes de deixar a Índia de volta para a Inglaterra, durante a qual escrevo estas páginas, posso ler[46]:

"Espero que, pelo menos, você compreenda que nós (ou a maior parte de nós) estamos longe de ser as múmias sem coração, moralmente ressequidas, que alguns parecem supor que somos. 'Mejnour'[47] *está muito bem onde ele está –*

---

[45] *Plesiossauro* – Réptil enorme, da era mesozóica. *Megatério* – grande mamífero desdentado, fóssil terciário e quaternário na América. (N. ed. bras.)

[46] Trecho da Carta nº 15, *Cartas dos Mahatmas Para A.P. Sinnett* (N. ed. bras.)

[47] *Mejnour* – Nome do personagem central do romance ocultista *Zanoni*, de Bulwer Lytton (N. ed. bras.)

como um protagonista ideal de uma história arrepiante – e em muitos aspectos verdadeira. Entretanto, creia-me, poucos de nós gostariam de fazer o papel de uma flor de amor-perfeito ressequida entre as páginas de um livro de solene poesia. Podemos não ser completamente os 'garotos' – para citar a expressão irreverente de Olcott, ao falar de nós – no entanto, ninguém do nosso grau se assemelha ao austero herói do romance de Bulwer. Embora as facilidades de observação asseguradas a alguns de nós pela nossa condição certamente permitam uma visão mais ampla, uma compaixão mais poderosa e imparcial, que se expande mais amplamente – respondendo a Addison, nós poderíamos dizer corretamente que é... 'tarefa da 'magia' humanizar a nossa natureza com compaixão' por toda a humanidade e todos os seres vivos, em vez de concentrar e limitar nossos afetos a uma raça predileta. No entanto, poucos de nós (exceto os que tenham alcançado a negação final de Moksha) *podem desligar-se da influência da nossa conexão terrena, a ponto de não sermos sensíveis, em diversos graus, aos prazeres, às emoções e aos interesses mais elevados da humanidade comum. Até que a libertação final reabsorva o Ego, ele tem que ser consciente das simpatias mais puras despertadas pelos efeitos estéticos da arte elevada, e sua sensibilidade deve responder ao chamado dos vínculos humanos mais nobres e santos. Naturalmente, à medida que ocorrer o progresso em direção à libertação, isto será mais difícil, até que, para coroar tudo, o conjunto dos sentimentos humanos e puramente individuais – laços de sangue e amizade, patriotismo e predileção racial – cederão seu lugar para fundir-se em um sentimento universal, o único que é verdadeiro e santo, o único altruísta e Eterno: amor, um amor imenso pela humanidade como um Todo! Pois é a 'Humanidade' que é a grande Órfã, a única deserdada desta Terra, meu amigo. E cada homem capaz de um impulso altruísta tem o dever de fazer alguma coisa, mesmo que pouco, pelo bem-estar dela. Pobre huma-*

nidade! Ela me recorda a velha fábula da guerra entre o corpo e os seus membros; aqui também, cada membro desta enorme 'órfã' – sem pai nem mãe – só se preocupa egoisticamente consigo mesmo. O corpo abandonado sofre eternamente, quer os seus membros estejam em paz ou em guerra. Seu sofrimento e agonia nunca cessam... E quem pode censurá-la – como fazem os seus filósofos materialistas – se nesse isolamento e nesse abandono ela criou deuses aos quais ela 'sempre pede ajuda, mas não é escutada? Pois,

Desde que o homem só pode ter esperança no homem,
Não deixarei que nenhum deles chore, se eu puder salvá-lo!...'

Entretanto, confesso que, individualmente, não estou isento de alguns apegos terrenos. Ainda me sinto ligado mais a alguns homens do que a outros, e a filantropia, como é pregada pelo nosso Grande Patrono – 'o Salvador do Mundo – o Instrutor do Nirvana e da Lei', nunca matou em mim as preferências individuais de amizade, de amor para com o meu próximo, nem um ardente sentimento de patriotismo pelo país em que me materializei individualmente pela última vez".

Eu indagara a Koot Hoomi até onde eu podia usar suas cartas na preparação deste volume e algumas linhas após a passagem que acabei de citar ele diz:

"Não coloco restrição alguma a que faça uso de tudo que eu possa ter escrito para você ou para o sr. Hume, e tenho plena confiança em seu tato e julgamento quanto ao que deva ser impresso e como deverá ser apresentado. Tenho apenas que pedir (.....) – e então ele menciona uma carta que deseja que eu mantenha à parte: (.....) Quanto ao resto, abandono-o aos dentes afiados da crítica".

5. Os Ensinamentos da Filosofia Oculta

Como foi afirmado mais de uma vez, a filosofia oculta permaneceu essencialmente a mesma em diversos países e ao longo de diversos períodos. Em épocas e lugares diferentes, formulações mitológicas muito diversas foram feitas para o uso do povo em geral; mas por baixo de cada religião popular o conhecimento religioso da minoria iniciada era idêntico. É claro que a idéia ocidental moderna do que é correto em tais questões se sentirá ofendida pela simples concepção de uma religião mantida como propriedade de alguns poucos, enquanto uma "religião falsa", como se diria na fraseologia moderna, é oferecida às pessoas comuns. No entanto, antes que tal sentimento possa nos levar a uma desaprovação demasiado intransigente dos antigos ocultadores da verdade, é recomendável verificar até onde o rebanho comum seria beneficiado pelo ensinamento, que é necessariamente demasiado refinado e sutil para a compreensão popular, e até onde o sentimento referido pode ser devido ao hábito popular de encarar a religião como algo que é importante professar, sem interessar se ela é compreendida. Sem dúvida, na suposição de que o bem-estar eterno do homem depende de que ele declare a fé certa, sem necessidade de compreendê-la, entre todas as crenças que ele poderia adotar no sorteio do nascimento e do destino, nesse caso seria o dever soberano das pessoas conscientes de possuir tal crença correta proclamá-la até de cima dos telhados. Mas no caso da outra hipótese, segundo a qual nada vale a qualquer homem repetir uma fórmula feita de palavras sem atribuir sentido a ela, e as inteligências toscas somente podem ser abordadas por esboços toscos de idéias religiosas, é mais fácil defender a antiga política de reserva do que parece à primeira vista. Certamente as relações entre a população em geral e os iniciados podem passar por mudanças no mundo europeu atual. O público em geral, incluindo os mais elevados intelectos, é pelo menos tão capaz quanto qualquer um de compreender as idéias metafísicas. Esses intelectos mais avançados dominam o pensamento público de modo que nenhuma grande idéia pode triunfar entre as nações da Europa sem sua ajuda, ao mesmo tempo que essa ajuda somente pode ser obtida no mercado aberto da competição intelectual. Daí se segue que a simples noção de uma ciência esotérica superior àquela oferecida em público ao mundo científico chega à mente moderna como um absurdo. Para vencer este pensamento muito natural basta pedir às pessoas para não serem ilógicas, isto é, para não suporem que pelo fato de que jamais ocorreria a um europeu moderno obter uma nova verdade e torná-la um segredo e revelá-la apenas a uma determinada fraternidade sob votos de reserva, do mesmo modo tal idéia tampouco poderia ter ocorrido a nenhum sacerdote egípcio ou gigante intelectual da civilização que se espalhou pela Índia, de acordo com algumas hipóteses, antes que o Egito começasse a ser uma sede de aprendizado e de arte. O sistema de sociedades secretas foi tão natural, sem dúvida, para o antigo cientista, quanto o sistema público em nosso país e nossa época. Tampouco a diferença é apenas de tempo e de modo. Ela tem a ver com a grande diferença na essência das atividades dos homens eruditos de hoje, em comparação àquelas nas quais se empenhavam em épocas passadas. Nós pertencemos à época do progresso material, e a idéia-chave do progresso material sempre foi a publicidade. Os iniciados da psicologia antiga pertenciam à era espiritual, e a idéia-chave do desenvolvimento subjetivo sempre foi o segredo. Se nos dois casos a idéia-chave é ditada pelas necessidades da situação, eis uma questão a discutir, mas de qualquer modo tais reflexões são o bastante para mostrar que seria desaconselhável dogmatizar de modo demasiado confiante sobre o caráter da filosofia e dos filósofos que prefeririam guardar seu conhecimento e sabedoria e oferecer à multidão uma religião adaptada mais à compreensão dos seus beneficiários do que às verdades eternas.

É impossível fazer agora uma conjetura quanto à data ou ocasião em que a filosofia oculta começou a tomar a forma em que a encontramos hoje. Embora se possa razoavelmente supor que nos últimos dois ou três mil anos os iniciados devotos que a mantiveram e transmitiram, tenham contribuído para seu desenvolvimento, a proficiência dos iniciados que pertencem aos períodos históricos anteriores parece ter sido já tão adiantada e tão próxima das maravilhas da proficiência dos iniciados de hoje, que devemos atribuir uma antiguidade muito grande ao início do conhecimento oculto nesta terra. Na verdade esta questão nos leva a indícios que sugerem conclusões absolutamente surpreendentes neste aspecto.

À parte das especulações arqueológicas específicas, todavia, já foi indicado que:

"Uma filosofia tão profunda, um código moral tão enobrecedor e resultados práticos tão concludentes e uniformemente demonstráveis não são trabalho de uma só geração ou mesmo de uma só época. Fatos devem ter sido acumulados sobre fatos, deduções sobre deduções, ciência gerou ciência e miríades dos mais brilhantes intelectos humanos refletiram sobre as leis da Natureza antes que essa doutrina antiga tomasse forma concreta. As provas dessa identidade doutrinária fundamental nas religiões antigas são encontradas na continuidade de um sistema de iniciações; nas castas sacerdotais secretas que tiveram a guarda de palavras místicas de poder e a demonstração pública de controle fenomenal sobre forças naturais, indicando a associação com seres pós-humanos. Cada abordagem dos mistérios de todas essas nações foi guardada com a mesma atenção zelosa e em todas elas a pena de morte foi infligida a todos os iniciados de qualquer grau que divulgaram os segredos que lhes haviam sido confiados".

O livro que acabei de citar mostra que isto foi o que ocorreu com os Mistérios Elísios e Baquianos, entre os Magos Caldeus e os Hierofantes Egípcios. O livro hindu das cerimônias bramânicas, o *Agrushada Parikshai*, contém a mesma lei que parece também ter sido adotada pelos essênios, os gnósticos e os neoplatônicos teúrgicos. A maçonaria copiou a fórmula antiga embora sua razão de ser tenha terminado aqui com a extinção entre os maçons da filosofia oculta em que suas formas e cerimônias foram modeladas em medida maior do que eles geralmente imaginam. Indícios da identidade referida podem ser encontrados nos votos e ritos, nas fórmulas e doutrinas de diversas fés antigas, e aqueles que são capacitados para falar com autoridade dizem "que não apenas a sua memória é ainda conservada na Índia, mas também que a Associação Secreta continua viva e ativa como sempre."

Como tenho agora, em apoio às opiniões que acabei de exprimir, de fazer algumas citações tiradas do grande livro da sra. Blavatsky, *Ísis Sem Véu,* é necessário dar certas explicações referentes à origem dessa obra, para as quais o eleitor que tenha acompanhado a minha narrativa das experiências ocultas nas páginas anteriores estará melhor preparado que antes. Demostrarei como, por meio dos incidentes mais comuns de sua vida, a sra. Blavatsky está constantemente em comunicação (por meio do sistema de telegrafia psicológica usado pelos iniciados) com seus Irmãos superiores no ocultismo. Compreendido este fato, será fácil entender que ao compilar uma obra como *Ísis,* que tem em si uma explicação completa de tudo que pode ser dito sobre o ocultismo no mundo externo, ela não estava contando exclusivamente com seus próprios recursos. A verdade, que a sra. Blavatsky seria a última pessoa do mundo a querer disfarçar, é que a ajuda recebida dos Irmãos, por intermediação oculta, durante toda a produção do seu livro, foi tão abundante e contínua que ela não é exatamente autora de *Ísis,* mas integrante de um grupo de colaboradores que produziu a obra. Ela começou a trabalhar em *Ísis* sem saber coisa alguma sobre a magnitude da tarefa que empreendia. Começou a escrever por dito, e as passagens assim escritas não estão agora no início dos volumes completos. Escrevia segundo o desejo de seus amigos ocultos e sem saber se o texto em que estava empenhada seria um artigo para jornal, ensaio para revista ou um trabalho de dimensões maiores. Mas ele cresceu e cresceu mais. Não foi necessário muito tempo, é claro, para que ela compreendesse do que se tratava; e então se lançou à sua tarefa, e contribuiu muito com o seu cérebro natural. Mas os Irmãos parecem ter estado sempre em cooperação com ela, não apenas ditando telepaticamente, como de início, mas às vezes empregando os métodos de "precipitação" dos quais eu próprio fui favorecido com alguns exemplos e por meio dos quais grandes quantidades de textos autênticos em outras caligrafias diferentes da dela foram produzidos enquanto ela dormia. De manhã, às vezes, ela se levantava e descobria até trinta acréscimos feitos ao original que deixara na mesa na noite anterior. O livro *Ísis Sem Véu* é na verdade um "fenômeno" tão grande – além da natureza de seu teor – quanto qualquer um daqueles que descrevi neste livro.

Os defeitos da obra, evidentes ao leitor em geral, ficarão assim explicados, bem como o valor extraordinário que possui para aqueles que anseiam por explorar tanto quanto possível os mistérios do ocultismo. Os poderes que os Irmãos usam não podem proteger uma obra literária que é produção conjunta de diversas mentes – mesmo que sejam as suas mentes – da confusão estrutural que tal modo de composição inevitavelmente produz. E além da confusão estrutural, o livro mostra uma variedade de estilos, o que prejudica sua dignidade como obra literária e deve ser ao mesmo tempo irritante e intrigante para o leitor comum. Mas para aqueles que possuem a explicação para essa irregularidade da forma, esta é mais uma vantagem do que uma desvantagem. Isso capacitará um leitor paciente a explicar algumas incongruências menores em diversas partes do livro. Além disso poderá capacitá-lo a reconhecer a voz, por assim dizer, dos diferentes autores, à medida que eles tomam a palavra, um de cada vez.

O livro foi escrito – fisicamente – em Nova Iorque, onde a sra. Blavatsky estava inteiramente desprovida de livros de referência. Ele está repleto, todavia, de referências a livros de todos os tipos, entre eles muitos de caráter bastante incomum e com citações cuja exatidão poderá ser facilmente verificada nas melhores bibliotecas européias, já que notas ao pé da página indicam os números das páginas das quais as passagens tomadas foram citadas.

Posso agora mencionar algumas passagens de *Ísis* cujo objetivo é mostrar a unidade da filosofia esotérica subjacente a diversas religiões antigas e o valor singular que há, para os estudantes dessa filosofia, no budismo puro, sistema que de todos os que foram apresentados ao mundo parece nos proporcionar a filosofia oculta em sua forma menos adulterada. Está claro que o leitor evitará ser levado pela idéia de que o budismo, explicado por autores que não são ocultistas, pode ser aceito como a corporificação de suas opiniões. Como exemplo, uma das idéias principais do budismo interpretado pelos eruditos ocidentais é que o *Nirvana* significa aniquilação. É possível que os eruditos possam estar certos em dizer que a explicação de *Nirvana* fornecida pelo budismo exotérico leva a tal conclusão, mas de qualquer modo essa não é a doutrina oculta.

O *Nirvana*, lemos em *Ísis Sem Véu,* "significa a certeza da imortalidade pessoal em *espírito* e não em *alma,* a qual, como emanação finita, deve com certeza desintegrar suas partículas, um conjunto de sensações humanas, de paixões e anseios por algum tipo objetivo de existência, antes que o espírito imortal do Ego esteja totalmente libertado e daí em diante seguro contra a transmigração de qualquer forma. E como pode o homem atingir esse estado enquanto o *Upadana,* aquele estado de anseio por mais vida, não desaparece da criatura sensível, do *Ahamkara,* mesmo vestido de um corpo sublimado? É o *Upadana* ou desejo intenso que produz a vontade; e é a vontade que desenvolve força, e essa última gera a matéria, ou os objetos que têm forma. Desse modo o

Ego desincorporado, por meio desse único desejo imorredouro nele, fornece inconscientemente as condições de suas autoprocriações sucessivas em diversas formas, que dependem de seu estado mental e do carma, isto é, os objetivos bons ou maus de sua existência anterior geralmente chamados 'mérito' e 'demérito'." Existe um oceano de pensamento metafísico inspirador neste trecho, que servirá de imediato para justificar a opinião que acabei de apresentar sobre o alcance da filosofia budista, do ponto de vista oculto.

A incompreensão quanto ao significado de *Nirvana* é tão geral no Ocidente que vale a pena levar em conta também a seguinte explicação:

"A aniquilação significa, na filosofia budista, apenas uma dispersão de matéria, qualquer que seja a forma ou aparência de forma: isso porque tudo que apresenta uma forma foi criado e deve mais cedo ou mais tarde perecer – isto é, mudar essa forma; assim sendo, como algo temporário embora pareça permanente, trata-se apenas de uma ilusão, *'Maya'*; pois como a eternidade não tem início ou fim, a duração mais ou menos prolongada de alguma forma particular passa, por assim dizer, como o clarão instantâneo de um relâmpago. Antes de termos tempo de compreender que o vimos, já se foi e passou para sempre; daí até mesmo os nossos corpos astrais, éter puro, serem apenas ilusões de matéria enquanto retiverem seu esboço terrestre. Este último se modifica, afirma o budista, de acordo com os méritos ou deméritos da pessoa durante sua vida, e isto é a metempsicose. Quando a entidade espiritual se solta para sempre de qualquer partícula de matéria, somente então entra no *Nirvana* eterno e imutável. Ela existe em espírito, em *nada;* como forma, aparência, é completamente aniquilada e por isso não morrerá mais; pois somente o espírito não é *'Maya',* mas a única realidade em universo ilusionário de formas que sempre passam... Acusar a filosofia budista de rejeitar um Ser Supremo – Deus, e a imortalidade da alma – acusá-la de ateísmo, em suma – com base em que o *Nirvana* significa aniquilação e *'Svabhavat'* não é uma pessoa porém nada, é simplesmente absurdo. O *En* (ou *Aym)* do *Ensoph* judeu também significa *nihil* ou nada, aquilo que não é *(quoad nos),* mas ninguém jamais se aventurou a acusar os judeus de ateísmo. Em ambos os casos o significado real do termo *nada* leva consigo a idéia de que Deus *não* é uma coisa, não é um ser concreto ou visível ao qual um nome expressivo de *qualquer* objeto conhecido por nós na Terra possa ser corretamente aplicado".

E mais: *"Nirvana* é o mundo da *causa* em que todos os efeitos enganadores ou ilusões de nossos sentidos desaparecem. *Nirvana* é a esfera atingível mais elevada".

As doutrinas secretas dos Magos ou dos budistas prévédicos, dos hierofantes de Thoth ou do Hermes egípcio foram – vemos isso explicado em *Ísis* – idênticas desde o início, identidade essa que se aplica igualmente às doutrinas secretas dos adeptos de qualquer idade ou nacionalidade, entre eles os cabalistas caldeus e os *nazara* judeus. "Quando usamos a palavra *budistas* não mencionamos com ela o budismo exotérico instituído pelos seguidores de Gautama Buda e tampouco a religião budista moderna, mas sim a filosofia secreta de Sakyamuni, que em sua essência é certamente idêntica à antiga religião-sabedoria do santuário reservado – o Bramanismo pré-védico. O cisma de Zoroastro, como é chamado, constitui prova direta disso, pois não foi cisma, falando-se a rigor, mas apenas uma exposição parcialmente pública de verdades religiosas rigorosamente monoteístas até então ensinadas apenas nos santuários, e que ele aprendeu com os brâmanes. Zoroastro, o primeiro instituidor da adoração ao Sol, não pode ser chamado de fundador do sistema dualista e tampouco foi o primeiro a ensinar a unidade de Deus, pois ele ensinou apenas o que ele próprio aprendera junto aos brâmanes. E esse Zaratustra e seus seguidores, os zoroastrianos, haviam vivido na Índia antes de emigrar para a Pérsia, o que também é comprovado por Max Müller. 'Que os zoroastrianos e seus ancestrais partiram da Índia', diz ele, 'durante o período védico, é algo que pode ser provado tão claramente como o fato de que os habitantes de Massília partiram da Grécia... Muitos dos deuses dos zoroastrianos se apresentam... como meros reflexos dos deuses do *Veda*".

"Se agora pudermos provar (e o podemos fazer), sobre as evidências da *'Cabala'* e das tradições mais antigas da sabedoria-religião, a filosofia dos antigos santuários, que todos esses deuses, quer do zoroastrismo ou dos *Vedas,* são apenas poderes ocultos personalizados na Natureza, servidores fiéis dos adeptos da sabedoria secreta – mágica – estaremos em terreno seguro.

"Desse modo, quer digamos que o cabalismo e o gnosticismo surgiram do masdeísmo ou zoroastrismo, é tudo a mesma coisa, a menos que queiramos dizer adoração exotérica, o que não fazemos. Da mesma forma e neste sentido podemos repetir King, o autor de *Os Gnósticos,* e diversos outros arqueólogos, e sustentar que o cabalismo e o gnosticismo advieram do budismo, que é ao mesmo tempo a mais simples e mais satisfatória das filosofias e que resultou em uma das religiões mais puras do mundo. Mas seja entre os essênios ou neoplatônicos e também entre as inúmeras seitas de curta duração, as mesmas doutrinas são encontradas, idênticas em substância e espírito senão na forma. Por budismo, portanto, queremos dizer aquela religião que significa literalmente a doutrina da sabedoria e que é muito anterior à filosofia metafísica de Sidarta Sakyamuni".

É claro que a cristandade moderna divergiu amplamente de sua própria filosofia inicial, porém a identidade desta com a filosofia original de todas as religiões é sustentada em *Ísis* através de uma argumentação interessante.

"Lucas, que era médico, é designado nos textos siríacos como *Asaia,* o essaiano ou essênio. Josephus e Philo Judaeus descreveram suficientemente essa seita, de forma a não deixar dúvida em nosso espírito de que o Reformador Nazareno, depois de ter recebido sua educação em suas moradas no deserto e ter sido devidamente iniciado nos mistérios, preferiu a vida livre e independente de um *nazaria* peregrino e tornou-se assim um terapeuta itinerante, o *Nazaria*, um curador... Em seus discursos e sermões Jesus sempre falou em parábolas e usou metáforas com seus ouvintes. Tal hábito era também dos essênios e dos nazarenos; os galileus, que moravam em cidades e aldeias, jamais foram conhecidos como gente que usasse tal linguagem alegórica. Na verdade alguns de seus discípulos, sendo tão galileus quanto ele próprio, ficaram até surpresos ao vê-lo usar com o povo tal forma de expressão. 'Por que falas tu a eles em parábolas?' repetidamente indagavam. 'Porque vos é dado conhecer os mistérios do reino do céu; mas a eles não foi dado', era a resposta, a resposta de um iniciado. 'Assim sendo eu lhes falo em parábolas porque vendo, eles não vêem, e ouvindo eles não ouvem, tampouco compreendem'.

Além disso, encontramos Jesus expressando seus pensamentos... em frases que são puramente pitagóricas quando, durante o Sermão da Montanha, ele diz: 'Não dês aquilo que é sagrado aos cães, nem lances tuas pérolas aos suínos: pois os suínos as pisotearão e os cães voltarão e te dilacerarão'. O professor A. Wilder, que publicou *Os Mistérios de Elêusis* de Taylor, observa uma disposição idêntica da parte de Jesus e de Paulo em classificar suas doutrinas como esotéricas e exotéricas – 'os mistérios do reino de Deus para os apóstolos e as parábolas para a multidão'. 'Falamos sabedoria', afirma Paulo, 'entre aqueles que são perfeitos', ou 'iniciados'. Nos Mistérios de Elêusis e outros os participantes se dividiam sempre em duas classes, os *neófitos* e os *perfeitos*... A narrativa do apóstolo Paulo em sua Segunda Epístola aos Coríntios impressionou diversos eruditos bem versados nas descrições dos ritos místicos da iniciação apresentados por alguns clássicos, porque alude do modo mais indubitável à Epopéia final: 'Conheço certo homem – quer em corpo ou fora do corpo, não sei; mas Deus sabe – que foi levado ao Paraíso e ouviu coisas inefáveis que não é permitido a um homem repetir'.

Tais palavras raramente, até onde sabemos, foram encaradas pelos comentadores como alusão às visões beatíficas de um vidente iniciado; mas a linguagem é inequívoca. Essas coisas que não é permitido repetir são dadas a entender com as mesmas palavras, e o motivo atribuído a isso é o mesmo que vemos em Platão, Proclo, Jâmblico, Heródoto e outros clássicos. 'Nós falamos sabedoria apenas entre aqueles que são perfeitos', diz Paulo; a tradução plena e inegável da frase é: 'Falamos das doutrinas esotéricas mais profundas ou finais dos mistérios (denominados sabedoria) apenas entre aqueles que são iniciados'. Assim, em relação ao homem que foi levado ao Paraíso – e que era evidentemente o próprio Paulo – a palavra cristã Paraíso substituiu a palavra *Eleusis*".

O objetivo final da filosofia oculta é demonstrar que o homem foi, é e será. "Aquilo que sobrevive como individualidade", diz *Ísis Sem Véu*, "após a morte do corpo, é a alma verdadeira que Platão chama no *Timeus* e em *Gorgias* de alma mortal; isso porque, de acordo com a doutrina hermética, larga de si as partículas mais materiais a cada mudança gradual para uma esfera superior... O espírito astral é uma duplicata fiel do corpo em um sentido físico e espiritual. O Divino, o espírito imortal mais elevado, não pode ser punido ou recompensado. Manter tal doutrina seria ao mesmo tempo absurdo e blasfemo, pois não se trata apenas de uma chama acesa na fonte de luz central e inextinguível, porém na verdade uma parte dela é essencialmente idêntica. Ela assegura a imortalidade ao ser astral individual na medida do seu desejo de recebê-la. Enquanto o homem duplo – isto é, o homem de carne e espírito – se mantiver dentro dos limites da lei da continuidade espiritual; enquanto a centelha divina permanecer nele, por mais leve que seja, ele está a caminho de uma imortalidade no futuro. Mas aqueles que se resignam a uma existência materialista, expulsando a radiação divina lançada por seu espírito no início de sua peregrinação terrena e abafando a voz de advertência daquela sentinela fiel que é a consciência e que serve de foco para a luz na alma – tais seres, tendo deixado para trás a consciência e o espírito e atravessado as fronteiras da matéria, terão forçosamente de seguir suas leis".

E também: "A doutrina secreta ensina que o homem, se conquistar a imortalidade, permanecerá para sempre sendo a trindade que ele foi na vida e continuará assim por todas as esferas. O corpo astral que é nesta vida coberto por um invólucro físico grosseiro, quando aliviado desse invólucro pelo processo da morte corpórea, se torna, por sua vez, a casa de outro corpo, mais etéreo. Este começa a se desenvolver desde o momento da morte e se aperfeiçoa quando o corpo astral da forma terrena finalmente se separa dele".

As passagens citadas, quando lidas à luz das explicações que dei, capacitarão o leitor que estiver inclinado a ver *Ísis Sem Véu* com um espírito compreensivo a abrir caminho até os veios ricos de metal precioso que estão enterrados em suas páginas. Mas nem em *Ísis* ou em qualquer outro livro sobre filosofia oculta que tenha existido ou que possa vir a ser escrito no futuro deve alguém contar com um relato detalhado, direto e perfeitamente claro dos mistérios do nascimento, morte e futuro. De início, ao empreender estudos desse tipo, a pessoa se irrita com a dificuldade de chegar àquilo em que os ocultistas realmente acreditam no que tange ao estado futuro, a natureza da vida que virá e seu aspecto geral. As religiões conhecidas têm opiniões muito precisas sobre essas questões, ainda mais pela garantia que algumas religiões oferecem de que as pessoas capacitadas, designadas pelas igrejas, podem despachar as almas – que partem para as trilhas certas ou erradas – de acordo com a consideração recebida. Teorias desse tipo têm pelo menos o mérito da simplicidade e da inteligibilidade, mas não são talvez satisfatórias no que tange aos seus detalhes. Após um pouco de investigação da questão, o estudante da filosofia oculta compreenderá que sobre essa trilha de conhecimento ele certamente não encontrará concepções capazes de afrontar sua idealização mais pura de Deus e da vida vindoura. Logo sentirá que o esquema de idéias que está explorando é elevado e digno no grau mais intenso que a compreensão humana pode alcançar. Mas permanecerá vago, e ele buscará afirmações explícitas sobre esta ou aquela questão, até que gradualmente compreenda que a verdade absoluta sobre a origem e os destinos da alma humana pode ser demasiado sutil e intricada para ser expressada em linguagem direta. Idéias inteiramente claras podem ser alcançadas pelas mentes purificadas de eruditos avançados no ocultismo de modo que, por uma dedicação completa de todas as faculdades à busca e assimilação prolongadas de tais idéias, chegam afinal a compreendê-las com a ajuda de poderes intelectuais singulares, especialmente expandidos para esse objetivo. Mas daí não se segue em absoluto que mesmo com a maior boa vontade do mundo tais pessoas devam forçosamente ser capazes de erigir um credo oculto que ponha toda a teoria do universo dentro do limite de uma dúzia de linhas.

O estudo do ocultismo, mesmo por homens do mundo empenhados em atividades comuns, ao mesmo tempo poderia prontamente ampliar e purificar a compreensão, armando a mente, por assim dizer, com provas que registrem o absurdo presente em qualquer hipótese religiosa errônea; mas a estrutura absoluta da crença oculta é algo que só pode ser erigido devagar na mente de cada arquiteto intelectual. E eu imagino que uma percepção muito vívida deste fato explica a resistência dos ocultistas a até mesmo tentar explicar diretamente suas doutrinas. Eles sabem que as usinas realmente vitais de conhecimento, por assim dizer, devem crescer a partir do germe presente na mente de cada homem e não podem ser transplantadas completamente e com maturidade para o solo estranho de uma compreensão despreparada. Eles estão prontos a proporcionar a semente, mas cada homem deve cultivar sua própria árvore de conhecimento. Como ninguém é transformado em adepto, mas se transforma em um, – em grau menor, também a pessoa que apenas aspira a compreender o adepto e as suas opiniões sobre as coisas deve alcançar tal compreensão por si própria, eliminando pelo pensamento idéias rudimentares para poder chegar às conclusões legítimas.

Tais considerações se ajustam – e fazem algo no sentido de explicar a reserva do ocultismo – e ademais sugerem uma explicação para o que de imediato parecerá intrigante a um leitor de *Ísis Sem Véu* que empreender tal leitura a partir deste relato. Se grandes partes dessa obra, como afirmei, são na verdade trabalho de verdadeiros adeptos que conhecem a verdade sobre muitos dos mistérios examinados, por que motivo não disseram claramente aquilo que pretendiam dizer, em vez de fazer rodeios e sugerir argumentações derivadas desta ou daquela fonte comum, de indicações literárias ou históricas e conjeturas abstratas sobre as harmonias da Natureza? A resposta parece em primeiro lugar ser que eles não poderiam escrever: "Sabemos que isto ou aquilo é fato", sem que perguntassem: "Como vocês sabem?" – e é claramente impossível que pudessem responder a tal pergunta sem entrar em detalhes, que seria "errado", como diria um autor bíblico, promover manifestações de poderes obviamente impossíveis de manter sempre ao alcance da mão para a satisfação de cada leitor do livro. Em segundo lugar, imagino que de acordo com o princípio invariável de tentar menos ensinar do que incentivar o desenvolvimento espontâneo em *Ísis,* eles visaram mais produzir um efeito na mente do leitor do que encaixar ali toda uma quantidade de fatos previamente acumulados. Eles demonstraram que a teosofia ou filosofia oculta não é algo novo para o estudo do mundo, mas na verdade um reenunciado de princípios que têm sido reconhecidos desde a própria infância da humanidade. A seqüência histórica que dá credibilidade a esta opinião pode ser rastreada claramente através das evoluções sucessivas das escolas filosóficas, o que me é impossível fazer em um trabalho desta dimensão, e a teoria é exemplificada com relatos abundantes das demonstrações experimentais do poder oculto de diversos taumaturgos. Os autores de *Ísis* se abstiveram expressamente de dizer mais do que poderia concebivelmente ser dito por um escritor que não fosse um adepto, mesmo ele tendo acesso a toda a literatura sobre a questão e uma compreensão esclarecida de seu significado.

Mas uma vez compreendida a verdadeira posição dos autores ou inspiradores de *Ísis Sem Véu,* o valor de qualquer argumentação que eles elaborem aumenta e se ergue muito acima do nível das considerações. Os adeptos não podem escolher a apresentação de indicações outras que não as exotéricas em favor de qualquer tese que desejem defender; mas se desejarem defendê-la, esse fato por si só será de significado imenso para qualquer leitor que tenha atingido uma compreensão da autoridade com a qual eles falam.

6. Conclusão

Não posso permitir que uma segunda edição deste livro apareça sem registrar pelo menos algumas das vivências pelas quais passei desde que ele foi preparado. A mais importante dessas, sem dúvida, tem a ver com as instruções que tive o privilégio de receber fragmentariamente dos Irmãos com referência às grandes verdades cosmológicas que a percepção espiritual deles permitiu que adquirissem. Mas até mesmo a exposição do relativamente pouco que aprendi sobre esse tópico exigiria um trabalho mais complexo do que o que posso tentar no momento. E o objetivo deste volume é expor os fatos externos da situação, em vez de analisar um sistema de filosofia. Isso não é inteiramente inacessível aos estudantes exotéricos, à parte daquilo que pode ser encarado como revelação direta vinda dos Irmãos. Embora quase toda a literatura oculta existente não seja atraente em sua forma, e seja deliberadamente obscurecida pelo uso de uma simbologia complexa, ela contém muita informação que pode ser destilada se houver paciência suficiente. Alguns estudantes dessa literatura já o demonstraram. Se os mestres da filosofia oculta irão algum dia aprovar a exposição completa, em linguagem clara, dos fatos relativos à constituição espiritual do homem, é algo que não se sabe. Certamente, mesmo que continuem reticentes, estão mais dispostos a se mostrar comunicativos neste momento do que estiveram por muito tempo no passado.

A primeira coisa a fazer, todavia, é dissipar tanto quanto possível a descrença obstinada que envolve a mente ocidental em relação à existência de quaisquer pessoas extraordinárias que possam ser encaradas como mestres da *Verdadeira* Filosofia – diferente de todas as conjeturas que têm atormentado o mundo – e em relação à natureza anormal de seus poderes. Eu já me esforcei por fazer ver claramente os fenômenos produzidos por tais aptidões, mas posso muito bem acentuar aqui o motivo pelo qual continuo falando nos fenômenos que demonstram estas faculdades. Corretamente encarados, eles são as credenciais do ensinamento espiritual proporcionado por seus autores. Em primeiro lugar, sem dúvida, *em si mesmos* os fenômenos anormais realizados pela força de vontade de homens vivos devem ser intensamente interessantes para qualquer um dotado de amor sincero à ciência. Eles abrem novos horizontes científicos. É tão certo quanto o próximo nascer do sol que o progresso da ciência, avançando vagarosamente como avança, por seus próprios canais, virá afinal e provavelmente em data não distante, a introduzir para o mundo comum parte do conhecimento científico superior que já pertence aos mestres do ocultismo. A ciência exotérica desenvolverá percepções que a colocarão um ou dois passos mais perto da compreensão de alguns dos fenômenos que descrevi neste volume.[48] Enquanto isso, parece-me muito interessante dar um vislumbre adiantado de realizações que provavelmente atrairiam a atenção de uma geração futura se pudéssemos na verdade, como sugere Tennyson:

" – dormir durante o tempo das grandes guerras,
E acordar com uma ciência que descobriu
Os segredos do cérebro e das estrelas,
Tão amplamente como em um conto de fadas".

---

[48] Esta previsão confirmou-se integralmente. A distância entre a ciência moderna e a ciência oculta diminui com rapidez crescente no alvorecer do século 21. Um dos exemplos mais claros deste processo foi abordado pela revista *Scientific American* na edição de abril de 2000, cuja reportagem de capa discute o "teleportation" ou teletransporte de objetos físicos, que corresponde à desmaterialização e materialização de objetos pelos Mahatmas. Já foi realizado "teletransporte" quântico de partículas de luz. (N. ed. bras.)

Mas superior até mesmo ao interesse científico é a importância da lição transmitida através dos fenômenos ocultos, que situam claramente seus autores em posição de comando e de superioridade intelectual em relação ao mundo em geral. Os fenômenos demonstram de modo inegável que esses homens se adiantaram muitíssimo a seus contemporâneos na compreensão da Natureza, que adquiriram o poder de conhecer os acontecimentos por meios diferentes dos sentidos materiais, e isso enquanto seus corpos se encontram em um lugar e suas percepções estão em outro; e que, por conseqüência, resolveram o grande problema de saber se o Ego do homem é algo distinto de sua corporalidade perecível. Com todos os outros professores somente encontramos o que consideram provável em relação à alma ou espírito do homem: deles podemos descobrir quais são os fatos; e se isso não for um objetivo supremo da indagação, é difícil dizer o que será. Mas não podemos ler poesia até havermos aprendido o alfabeto, e se as combinações *b-a ba* e assim por diante forem consideradas insuportavelmente triviais e desinteressantes, a pessoa exigente que rejeitar tal tolice certamente nunca será capaz de ler grandes obras.

Por isso volto das nuvens ao meu registro paciente dos fenômenos e aos incidentes que confirmaram as experiências e conclusões apresentadas no capítulo anterior deste livro, desde que regressei à Índia.

O primeiro incidente que ocorreu foi uma agradável saudação de meu amigo Koot Hoomi. Eu lhe escrevera (por intermédio da sra. Blavatsky, é claro) pouco antes de partir de Londres, e esperava achar uma carta dele à minha espera em Bombaim. Mas nenhuma carta fora recebida, como descobri ao chegar à sede da Sociedade Teosófica, onde eu combinara permanecer alguns dias antes de seguir viagem rumo ao interior. Cheguei tarde da noite e nada de notável aconteceu. Na manhã seguinte, após o desjejum, eu estava sentado e conversando com a sra. Blavatsky no aposento que me fora destinado. Estávamos sentados em lados diferentes de uma mesa grande e quadrada em meio ao aposento iluminado pela plena luz do dia. Não havia outra pessoa ali. De súbito, sobre a mesa diante de mim mas à minha direita, enquanto a sra. Blavatsky se achava à minha esquerda, caiu uma carta espessa. Caiu "do nada", por assim dizer; foi materializada ou reintegrada no ar diante de meus olhos. Era a resposta esperada de Koot Hoomi – uma carta profundamente interessante que tratava em parte de questões pessoais e respondia perguntas minhas, e em outra parte continha grandes revelações, embora ainda obscuras, de filosofia oculta, o primeiro esboço nesse sentido que eu recebi. Pois bem, está claro que sei que alguns leitores dirão quanto à recepção da carta (com um sorriso de autoconsolo) – "arames, molas, equipamento escondido" e assim por diante; mas antes de tudo a sugestão teria sido grotescamente absurda para qualquer pessoa que estivesse presente; em segundo lugar é desnecessário discutir sobre objeções desse tipo outra vez. Não havia arames e molas no aposento a que me refiro, assim como não houvera nos altos das montanhas em Simla onde alguns de nossos fenômenos anteriores haviam ocorrido. Posso acrescentar que alguns meses depois um bilhete oculto caiu diante de um amigo meu, um cidadão de Bengala que se tornara membro ativo da Sociedade Teosófica, em um bangalô no norte da Índia; e mais tarde ainda, na sede da Sociedade Teosófica em Bombaim, uma carta caiu de acordo com uma promessa anterior, aparecendo na presença de seis ou sete testemunhas.

  Por algum tempo a dádiva da carta vinda de Koot Hoomi, como acabei de descrever, foi o único fenômeno concedido a mim e, embora minha correspondência continuasse, não fui incentivado a contar com quaisquer outras demonstrações de poder anormal. As autoridades mais altas do mundo oculto sem dúvida haviam a essa altura feito uma proibição bem mais rigorosa sobre tais manifestações do que ocorrera no verão anterior em Simla. O efeito das manifestações então concedidas não fora considerado satisfatório em seu conjunto. Muitos debates amargos e maus sentimentos haviam-se seguido; e imagino que isso fora encarado como tendo mais peso em seu efeito pernicioso sobre o progresso do movimento teosófico que os bons efeitos dos fenômenos sobre as poucas pessoas que os haviam apreciado. Quando segui para Simla em agosto de 1881, portanto, não esperava ver outros acontecimentos de natureza incomum. Tampouco tenho toda uma série de casos a narrar que se prestem à comparação com os do ano anterior, mas mesmo assim o progresso de uma certa iniciativa em que eu me empenhara – a criação de uma loja da Sociedade Teosófica em Simla – se viu entremeado com pequenos incidentes de natureza fenomenal. Quando essa Sociedade foi formada, muitas cartas foram trocadas entre Koot Hoomi e nós, e elas *não* foram em caso algum transmitidas por intermédio da sra. Blavatsky. Em um caso, por exemplo, o sr. Hume, que se tornara presidente no primeiro ano da nova Sociedade – a Sociedade Teosófica Eclética de Simla – recebeu um bilhete de Koot Hoomi dentro de uma carta recebida através do correio de uma pessoa inteiramente desligada de nossas atividades ocultas e que lhe escrevia com relação a uma questão municipal. Eu próprio, vestindo-me certa noite, encontrei uma carta esperada no bolso de meu paletó, e em outra ocasião, sob meu travesseiro, de manhã. Em certa ocasião, tendo acabado de receber pelo correio uma carta vinda da Inglaterra e contendo questão na qual julguei que a sra. Blavatsky estaria interessada, fui ao seu gabinete e li seu conteúdo para ela. Enquanto lia, algumas linhas escritas, ou comentários sobre o que eu lia se formaram em uma folha de papel branco que estava diante dela. Ela realmente viu o escrito formar-se e me chamou para olhar o papel onde se achava. Ali reconheci a caligrafia de Koot Hoomi – e o seu pensamento, pois o comentário dizia: "Eu não lhe disse?" e se referia a algo mencionado por ele em carta anterior.

Vale a pena dizer ao leitor que durante toda a minha visita a Simla, e por diversos meses antes e depois dela, o coronel Olcott se achava no Ceilão, onde estava empenhado em uma série muito bem-sucedida de conferências em nome da Sociedade Teosófica, sobre o conjunto de fenômenos que ocorreram em Simla em 1880, quando tanto ele quanto a sra. Blavatsky estavam presentes. Pessoas de má índole e incrédulas – embora fosse absurdo no tocante a qualquer fenômeno descrito afirmar que a sra. Blavatsky o executara por truques – sugeriam que quem puxava os cordões devia ser o coronel Olcott. Em algumas notícias jornalísticas sobre a primeira edição deste livro, foi até mesmo sugerido que o coronel Olcott devia ser o autor das cartas que atribuo a Koot Hoomi e que a sra. Blavatsky apenas manipulava a apresentação das mesmas. Mas em todo o outono de 1881, enquanto o coronel Olcott estava no Ceilão e eu em Simla, as cartas continuaram a vir, alternando-se dia sim, dia não, às vezes com as cartas nós escrevíamos, e meus críticos no futuro devem reconhecer que tal hipótese fica eliminada. Para mim – como creio que também para meus leitores – o fato mais interessante relacionado à minha vivência em Simla de 1881 foi o seguinte: durante esse período entrei em relações com outro dos Irmãos, além de Koot Hoomi. Aconteceu que em função do seu próprio desenvolvimento tornou-se necessário que Koot Hoomi se retirasse por um período de três meses em isolamento absoluto, no que tange não apenas ao corpo – que no caso de um adepto pode ser isolado no canto mais remoto do planeta sem que tal situação impeça seu intercâmbio "astral" com a humanidade – mas no que tange a todo o Ego poderoso com o qual tínhamos ligações. Em tais circunstâncias um dos Irmãos com os quais Koot Hoomi estava especialmente associado concordou – com certa relutância, de início – em dar atenção à Sociedade Eclética de Simla e nos manter em movimento durante a ausência de Koot Hoomi com uma série de instruções em filosofia oculta. A modificação que ocorreu na nossa correspondência quando o novo mestre nos aceitou foi bastante notável. Cada carta de Koot Hoomi continuara a apresentar a marca de seu estilo bondosamente suave. Ele escrevia meia página a mais para não correr o risco de deixar que uma frase curta ou descuidada ferisse os sentimentos de alguém. Também sua caligrafia era sempre muito legível e regular. Nosso novo mestre nos tratava de modo muito diferente: declarava-se quase um desconhecedor de nossa língua e escrevia uma letra muito bruta que às vezes era difícil de decifrar. Não fazia rodeios conosco, em absoluto. Se escrevêssemos um ensaio sobre algumas idéias ocultas que havíamos recolhido e o mandássemos a ele perguntando se estava certo, às vezes vinha com uma linha vermelha e grossa por baixo de tudo um "Não" escrito à margem. Em certa ocasião um de nós escrevera: "Pode esclarecer minhas concepções sobre isso ou aquilo?" A anotação encontrada na margem quando o papel voltou era: "Como posso esclarecer o que você não esclareceu!" e assim por diante. Mas apesar de tudo isso fizemos progressos com M. – e gradualmente a correspondência, que começou ao lado dele com notas curtas rabiscadas do modo mais simples em pedaços de papel tibetano grosseiro, tornaram-se cartas extensas às vezes. Devemos também compreender que embora seus modos rudes e abruptos formassem um contraste divertido com a amável gentileza de Koot Hoomi, nada havia nele que impedisse o crescimento de nossa ligação à medida que começávamos a nos sentir tolerados por ele como alunos um pouco mais bem-aceitos que de início. Alguns dos meus leitores, tenho certeza, compreenderão o que quero dizer por "ligação" neste caso. Uso uma palavra descolorida de modo deliberado para evitar o desfile de sentimentos que poderiam não ser compreendidos de modo geral, mas posso assegurar-lhes que durante relações prolongadas – ainda que apenas por correspondência – com um personagem que, embora seja um homem como nós no que tange ao seu lugar natural da criação, está elevado de tal maneira acima dos homens comuns que possui atributos considerados divinos, os sentimentos que surgem são profundos demais para serem descritos com leveza ou facilidade.

    Foi por meio de M. – bem recentemente, que uma pequena manifestação de força foi proporcionada para minha satisfação, cuja importância se deve ao fato de que a sra. Blavatsky não teve influência alguma na sua produção e se achava a mil e duzentos quilômetros de distância na época. Pelos três primeiros meses de meu intercâmbio com M., ele se prendera rigidamente ao princípio que estipulara ao concordar em corresponder-se com a Sociedade Eclética de Simla durante o retiro de Koot Hoomi. Ele se corresponderia conosco mas não executaria fenômeno de espécie alguma. O presente relato está tão dedicado a fenômenos que não posso deixar de lembrar ao leitor que tais incidentes se distribuíram pelo decurso de um longo período de tempo e que via de regra nada é mais desagradável aos grandes adeptos do que a produção de fenômenos maravilhosos para o mundo externo. Os críticos comuns de tais fenômenos maravilhosos argumentarão: "Mas por que os Irmãos não fizeram isso ou aquilo? Nesse caso o incidente teria sido muito mais convincente". Repito que os Irmãos, ao produzirem de vez em quando fenômenos anormais, *não estão* tentando provar sua existência a um corpo inteligente de jurados ingleses. Estão apenas permitindo que sua existência se torne perceptível a pessoas que gravitam naturalmente em direção à espiritualidade e ao misticismo. Não é exagero dizer que todo o tempo eles estão escrupulosamente *evitando* a concessão de provas diretas que possam convencer a mente comum. Por enquanto, pelo menos, eles preferem que os filisteus crassos e materialistas do mundo egoísta e sensual continuem a alimentar a convicção de que "os Irmãos" são mitos. Eles se revelam portanto por sinais e pistas que tendem a ser compreendidos apenas por pessoas com alguma percepção ou afinidade espiritual. É bem verdade que o aparecimento deste livro é permitido por eles – nenhuma página do mesmo teria sido escrita se uma só palavra vinda de Koot Hoomi indicasse desaprovação sua – e as ocorrências fenomênicas aqui registradas em muitos casos são provas absolutamente completas e irresistíveis *para mim,* e portanto para qualquer um que seja capaz de compreender que estou contando a verdade exata. Mas os Irmãos, ao que imagino, sabem muito bem que por grande que a revelação tenha sido, ela pode passar com toda segurança na frente dos olhos do público em geral, porque o povo, cujas convicções eles não desejam influenciar, certamente a rejeitará. A situação pode fazer o leitor lembrar-se do comediante que decidiu ficar de pé sobre a Ponte de Waterloo com cem soberanos (moedas) autênticos sobre uma bandeja, oferecendo vendê-los por um xelim cada e apostou que permaneceria por ali uma hora sem vender todos. Ele contava com a estupidez dos transeuntes que se julgavam espertos demais para ser enganados. O mesmo ocorre com este livro. Ele contém uma declaração direta de verdades absolutas que se as pessoas pudessem aceitar como verdades revolucionariam o mundo; e a declaração é fortalecida por credenciais inatacáveis, mas a maior parte da humanidade permanecerá cega a esse estado de coisas por sua própria vaidade e sua incapacidade de assimilar idéias: ninguém será seriamente influenciado além daqueles que estão capacitados a se beneficiar pela compreensão.

Os leitores desse último tipo apreciarão prontamente o modo pelo qual os fenômenos que tive de registrar foram assim acompanhados à medida que minha própria convicção crescia. E isso foi claramente o que ocorreu com um ou dois fenômenos recentemente promovidos por M. Foi por amizade e bondade que eles foram feitos, muito depois que toda idéia sobre confirmar minha crença nos Irmãos se tornasse inteiramente supérflua e anacrônica. M. na verdade passou a desejar que eu tivesse a oportunidade de vê-lo (em corpo astral, naturalmente) e teria providenciado isso em Bombaim e no mês de janeiro quando eu fosse lá por um dia para receber minha esposa que regressava da Inglaterra, se as condições atmosféricas e outras naquele período o permitissem, mas lamentavelmente não houve condições. Como M. escreveu em um dos diversos bilhetes que recebi dele durante esse dia e na manhã seguinte antes de minha partida da sede da Sociedade Teosófica, onde eu me achava, mesmo eles, os Irmãos, não podiam "fazer milagres"; e embora para o espectador comum pudesse haver apenas pequena diferença entre um milagre e qualquer um dos fenômenos que os Irmãos às vezes realizam, estes últimos na verdade são resultados obtidos pela manipulação de leis e forças naturais e se acham sujeitos a obstáculos que podem mostrar-se às vezes praticamente insuperáveis. M., porém, pôde aparecer diante de um membro na Sociedade Eclética de Simla que se achava em Bombaim um ou dois dias antes de minha visita. A figura foi claramente visível por alguns momentos e o rosto nitidamente reconhecido por meu amigo, que antes vira um retrato de M. Depois passou pela porta aberta de um quarto interno em que aparecera numa direção de onde não havia saída e quando meu amigo, que partiu em sua direção, entrou nesse aposento já não mais pôde ser visto. Em duas ou três ocasiões anteriores M. fizera a sua figura astral visível a outras pessoas nas dependências da Sociedade, onde a presença constante da sra. Blavatsky e uma ou duas outras pessoas de magnetismo altamente solidário, a pureza de vida de todos que residiam ali habitualmente e as influências constantes produzidas pelos próprios Irmãos tornam a produção dos fenômenos imensamente mais fácil do que em outras partes.

Isso me leva de volta a certos incidentes que ocorreram recentemente em minha própria casa em Allahabad quando, como já afirmei, a própria sra. Blavatsky se achava a 1200 quilômetros de distância, em Bombaim. O coronel Olcott, que se achava a caminho de Calcutá, estava conosco e ficou por um ou dois dias, de passagem. Tinha em sua companhia um jovem místico nativo que aspirava ardorosamente a ser aceito pelos Irmãos como chela ou discípulo, e o magnetismo assim trazido à casa criava condições que por algum tempo tornavam possíveis algumas manifestações. Voltando para casa certa noite, logo após o jantar, encontrei dois ou três telegramas à minha espera, de maneira normal, em envelopes muito bem fechados antes de ser enviados da estação. Os recados eram todos de pessoas comuns sobre assuntos comuns, mas dentro de um deles encontrei um pequeno bilhete dobrado de M. O simples fato de que fora assim transferido por métodos ocultos para dentro do envelope fechado era um fenômeno por si próprio, é claro (como muitos dos tipos que já descrevi antes); mas não preciso estender-me quanto a isso, uma vez que o fenômeno executado e do qual o bilhete me dava informações era ainda mais obviamente maravilhoso. O bilhete me fez procurar em meu gabinete o fragmento de um alto-relevo que M. acabara de transportar instantaneamente de Bombaim. O instinto me levou de imediato ao local onde achava que deveria encontrar o objeto – a gaveta de minha escrivaninha que era dedicada exclusivamente à correspondência oculta; de fato achei o canto partido de uma laje de massa, com a assinatura de M. escrita nela. Telegrafei de imediato para Bombaim a fim de perguntar se alguma coisa especial acabara de ocorrer, e no dia seguinte recebi a resposta de que M. arrebentara um certo retrato de massa e levara um dos pedaços. No devido curso do tempo, recebi uma declaração curta de Bombaim, atestada pelas assinaturas de sete pessoas ao todo e que dizia essencialmente o seguinte:

"Por volta das sete da noite as pessoas abaixo assinadas" (cinco são enumeradas, entre elas a sra. Blavatsky) "estavam sentadas à mesa de jantar tomando chá na varanda da sra. Blavatsky em frente à porta de cortina vermelha que separa seu primeiro gabinete da varanda comprida. As duas metades do gabinete estavam completamente abertas e a mesa de jantar a cerca de dois palmos da porta, e por isso todos podíamos ver, claramente, tudo no aposento. Cerca de cinco ou sete minutos depois a sra. Blavatsky teve um sobressalto. Começamos todos a procurar. Ela então olhou em torno e perguntou "o que ele vai fazer?" e repetiu essas palavras duas ou três vezes sem olhar ou se referir a qualquer um de nós. De súbito todos ouvimos uma batida – um ruído alto, como de algo caindo e quebrando – por trás da porta do gabinete da sra. Blavatsky, onde não havia pessoa alguma na ocasião. Um ruído ainda mais alto foi ouvido e todos corremos para lá. O aposento estava vazio e silencioso, mas logo atrás da porta de veludo vermelho onde havíamos ouvido o barulho encontramos caído no chão um molde de gesso representando um retrato quebrado em diversos pedaços. Depois de recolher cuidadosamente os pedaços, até os fragmentos menores e examinar tudo, encontramos o prego em que o retrato estivera pendurado por cerca de dezoito meses, forte como sempre na parede. O gancho de arame sustentando o retrato estava intacto e nem mesmo dobrado. Espalhamos os pedaços sobre a mesa e tentamos rearrumá-los pensando como podiam ser colados, já que a sra. Blavatsky parecia muito amolada, uma vez que o molde era trabalho de um de seus amigos em Nova Iorque. Verificamos que um pedaço mais ou menos quadrado e com cerca de duas polegadas, no canto direito do molde, estava faltando. Voltamos ao gabinete e procuramos, mas não conseguimos achá-lo. Pouco depois a sra. Blavatsky se ergueu de repente e foi para o quarto, fechando a porta. Em um minuto chamou o sr. —— e lhe mostrou um pedacinho de papel. Todos nós vimos e lemos depois. Era na mesma caligrafia em que alguns de nós recebemos comunicações prévias e as mesmas iniciais conhecidas. Dizia-nos que o pedaço em falta fora levado pelo Irmão a quem o sr. Sinnett chama "o Ilustre[49] a Allahabad e que ela juntaria e conservaria cuidadosamente as peças restantes".

A declaração passa depois a alguns outros detalhes que não têm importância para o leitor em geral e está assinada pelos quatro amigos nativos que estavam com a sra. Blavatsky na ocasião em que o retrato de massa se partiu. Um pós-escrito assinado por três outras pessoas acrescenta que essas

---

[49] "Meu ilustre amigo" era a expressão que de início usei com relação ao Irmão a quem chamei aqui M. e mais tarde foi encurtada para o pseudônimo dado nessa declaração. Às vezes é difícil saber como chamar os irmãos, mesmo quando se conhecem seus nomes verdadeiros. Quanto menos promiscuamente eles forem tratados, tanto melhor e isso por diversos motivos, entre os quais o aborrecimento profundo que causa entre seus discípulos verdadeiros se tais nomes entrarem em uso freqüente e desrespeitoso entre os zombadores. Lamento agora que o nome de Koot Hoomi, tão ardorosamente venerado por todos que estiveram realmente em contato com ele, tenha aparecido por extenso no texto do livro. (Nota de A.P.S.)

três chegaram pouco depois do incidente real e encontraram os demais tentando recompor os fragmentos sobre a mesa.

Fica entendido, é claro, mas posso também declarar explicitamente que a noite a que o relato acima se liga foi a mesma em que achei a nota de M. dentro de meu telegrama em Allahabad e o pedaço que faltava do retrato de massa em minha gaveta; e nenhum período apreciável de tempo parece ter ocorrido entre a queda do retrato em Bombaim e a entrega do pedaço em Allahabad, pois embora eu não anotasse o minuto exato em que encontrei o fragmento – e na verdade poderia ter estado em minha gaveta já por algum tempo antes que eu chegasse à casa. A hora com certeza se situava entre sete e oito, provavelmente cerca de sete e meia ou quinze para as oito. E existe quase meia hora de diferença de longitude entre Bombaim e Allahabad, de modo que as sete horas de Bombaim seriam perto de sete e meia em Allahabad. É portanto evidente que o fragmento de massa que pesava de 50 a 80 gramas foi realmente trazido de Bombaim a Allahabad de modo instantâneo. Era aquele de fato o pedaço que faltava no molde quebrado em Bombaim, o que ficou demonstrado dias depois, quando todos os fragmentos restantes em Bombaim foram cuidadosamente embrulhados e mandados a mim e as margens partidas de meu fragmento se ajustavam com exatidão àquelas do canto defeituoso, de modo que pude juntar novamente todas as peças e completar o molde.

O leitor astucioso – do tipo que não se teria deixado "enganar" pelo homem que vendia soberanos na Ponte de Waterloo – rirá de todo o relato. Um pedaço de gesso mandado através de uma distância de mil e duzentos quilômetros, atravessando a Índia em um piscar de olhos pela força de vontade de alguém que ninguém sabe onde estava no momento – provavelmente no Tibete! A pessoa astuciosa não conseguiria realizar esse fenômeno, e por isso pensa que ninguém mais pode fazê-lo e que o acontecimento jamais ocorreu. É melhor acreditar que as sete testemunhas em Bombaim e este autor estão narrando uma longa série de mentiras do que pensar que possa haver alguém vivo no mundo que conheça esses segredos da Natureza e possa empregar suas forças, totalmente desconhecidas por pessoas astutas e leitoras do *Times*, "normais e espertas", do tipo urbano. Alguns amigos meus, ao comentarem a primeira edição deste livro, viram uma falha em mim por não ter adotado um tom mais respeitoso e conciliador para com o ceticismo científico diante das alegações feitas nestas páginas. Mas não consigo ver motivo algum para hipocrisia nesta questão.

Grande número de pessoas inteligentes em nossos dias está se libertando ao mesmo tempo dos grilhões do materialismo forjados pela ciência moderna e da superstição confusa dos eclesiásticos, e decidindo que a própria Igreja, com todas as suas artimanhas, não conseguirá torná-las religiosas; que a própria ciência com seu orgulho não as cegará para as possibilidades da Natureza. Estas são as pessoas que compreenderão minha narrativa e a sublimidade das revelações que ela contém. Mas todas as pessoas que ficaram inteiramente escravizadas pelos dogmas ou se tornaram materialistas devido à ciência moderna perderam certas faculdades perceptivas e serão incapazes de aceitar fatos que não se ajustam às suas idéias preconcebidas. Elas erroneamente considerarão suas próprias deficiências intelectuais como uma impossibilidade inerente de que ocorra o fato descrito; mostrar-se-ão muito rudes no pensamento e na fala para com as pessoas de intuição superior que são capazes de acreditar e em certa medida compreender; a mim parece que chegou o momento de deixar os zombadores comuns compreenderem plenamente que na estima de seus contemporâneos mais esclarecidos parecem na verdade um povo ingênuo em que os mais educados e os menos educados – o sábio ortodoxo e o funcionário urbano – diferem apenas em grau e não em espécie.

Na manhã seguinte ao incidente que acabei de narrar B—R—, o jovem aspirante nativo que desejava ser *chela*, acompanhara o coronel Olcott e se hospedara em minha casa, me deu um bilhete de Koot Hoomi que encontrara sob o travesseiro, de manhã. Bilhete que eu escrevera a Koot Hoomi e dera a B—R— na véspera e fora levado, segundo me narrou, de noite e antes de dormir. O bilhete de Koot Hoomi era curto e dizia: "Forçar fenômenos na presença de dificuldades magnéticas e de outra natureza é proibido tão rigorosamente quanto é proibido a um caixa de banco desembolsar o dinheiro que lhe é confiado. E até fazer isso por você, tão distante da sede, seria impossível, não fora pelos magnetismos que O— e B—R— trouxeram consigo – e eu não poderia fazer mais". Sem compreender inteiramente a força das palavras finais nesse trecho, e mais impressionado ainda por uma passagem anterior em que Koot Hoomi escrevera – "É fácil para nós dar provas fenomenais quando temos as condições necessárias" – escrevi no dia seguinte sugerindo uma ou duas coisas que achava que podiam ser feitas para aproveitar as condições apresentadas pela introdução em minha casa de magnetismo disponível e diferente daquele da sra. Blavatsky que tanto fora, por mais absurdo que se mostrasse, acusada de enganar-me. Dei esse bilhete a B—R— na noite de 13 de março; o incidente do fragmento de massa ocorrera no dia 11; e na manhã do dia 14 recebi algumas palavras de Koot Hoomi dizendo simplesmente que o que eu propunha era impossível e ele escreveria de modo mais completo por meio de Bombaim. Quando no devido tempo assim recebi notícias dele, fiquei sabendo que as facilidades limitadas do momento haviam terminado e minhas sugestões não podiam ser atendidas; mas a importância das explicações que estou dando está no fato de que afinal de contas troquei cartas com Koot Hoomi com intervalo de poucas horas numa ocasião em que a sra. Blavatsky se achava no outro extremo da Índia.

O relato que acabei de fazer da transmissão instantânea do fragmento de gesso de Bombaim a Allahabad forma um prelúdio adequado para uma série notável de incidentes que tenho a registrar em seguida. O caso a ser contado agora já fora divulgado publicamente na Índia, tendo sido relatado por completo em *Psychic Notes,*[50] publicação temporariamente editada em Calcutá com o objetivo especial de registrar incidentes ligados à mediunidade do sr. Eglinton, que permaneceu por alguns meses em Calcutá durante a última estação fria. O incidente praticamente não se destinava ao mundo exterior; e sim a espíritas que, embora infinitamente mais próximos de uma compreensão do ocultismo do que as pessoas envoltas nas trevas da incredulidade ortodoxa, ainda assim se encontram em grande medida inclinados a atribuir uma explicação puramente espírita a *todos* esses fenômenos. Desse modo ocorre que muitos espíritas na Índia se inclinaram a supor que nós que acreditávamos nos Irmãos estávamos de algum modo enganados pela mediunidade extraordinária da sra. Blavatsky. E de início os "guias espirituais" que falavam por intermédio do sr. Eglinton confirmaram tal opinião.

Mas uma mudança notável surgiu finalmente em seus pronunciamentos. Pouco antes da partida do sr. Eglinton, que saía de Calcutá, eles declararam ter pleno conhecimento da Fraternidade, nomeando o "Ilustre" por essa designação e declarando que tinham sido designados para trabalhar em cooperação com os Irmãos dali em diante. Foi com esta situação que o sr. Eglinton deixou a Índia no vapor Vega, partindo de Calcutá, creio, no dia 16 de março. Alguns dias depois, na manhã do dia 24, e em Allahabad, recebi uma carta de Koot Hoomi na qual ele me dizia que ia visitar o Sr. Eglinton a bordo do Vega, no mar, para convencê-lo completamente quanto à existência dos Irmãos, e que se conseguisse isso notificaria o fato imediatamente a certos amigos do sr. Eglinton em Calcutá. A carta fora escrita um ou dois dias antes, e a noite entre o 21 e o 22 era mencionada como sendo o período em que a visita astral seria feita. Pois bem, a explicação completa de todas as circunstâncias sobre as quais tal ação surpreendente foi executada levará pouco tempo, mas a narrativa

---

[50] Newton & Co., Calcutá. (Nota de A.P.S.)

será mais facilmente compreendida se eu resumir em primeiro lugar o que ocorreu, em poucas palavras.

A visita prometida foi *realmente feita* e não apenas isso. Uma carta escrita pelo sr. Eglinton, no mar, no dia 24, fez uma descrição dela, e nela ele declara sua crença completa e total nos Irmãos. A carta foi transportada instantaneamente aquela mesma noite para Bombaim, onde ela caiu ("do nada", como a primeira carta que eu recebera ao regressar à Índia) diante de diversas testemunhas; foi por elas identificada e anexada a cartões escritos nessa ocasião; depois foi novamente levada, e momentos depois caía, com os cartões de Bombaim e tudo o mais, entre os amigos do sr. Eglinton em Calcutá, que tinham sido antecipadamente avisados para esperar uma comunicação dos Irmãos nessa ocasião. Todos os incidentes dessa série são comprovados por testemunhas e documentos e não existe saída racional para pessoa alguma que encarar as provas, quanto à necessidade de admitir que os diversos fenômenos que acabei de descrever realmente foram realizados por mais "impossíveis" que a ciência comum os declare.

Quanto aos detalhes dos diversos incidentes da série posso agora mostrar ao leitor o relato publicado em *Psychic Notes* de 30 de março pela sra. Gordon, esposa do coronel W. Gordon de Calcutá, e autenticada por sua assinatura.

O coronel Olcott – explica a sra. Gordon na parte inicial de sua declaração, que para ser breve condensei – acabara de chegar a Calcutá em visita ao coronel Gordon e ela própria. Uma carta viera da sra. Blavatsky – *"datada de Bombaim, dia 19, dizendo-nos que alguma coisa ia ser feita e expressando a esperança ardorosa de que ela não precisaria ajudar, já que fora bastante maltratada devido aos fenômenos. Antes de essa carta ser trazida pelo carteiro, o coronel Olcott me dissera que recebera informações à noite de seu* Chohan *(instrutor) de que K. H. estivera no Vega e vira Eglinton. Isso ocorrera por volta de oito horas na manhã de quinta-feira, dia 23. Algumas horas depois um telegrama datado em Bombaim, no dia 22, às 21 horas e 9 minutos, ou* seja, 9 minutos após 9 da noite, na noite de quarta-feira, me veio da sra. Blavatsky, dizendo:

'K. H. acaba de ir para o Vega'. Este telegrama veio como mensagem 'retardada' e foi posto no correio para mim em Calcutá, o que explica o fato de não me chegar às mãos senão ao meio-dia de quinta-feira. Corroborava, como veremos, a mensagem da noite anterior ao coronel Olcott. Ficamos então esperançosos de receber a carta do sr. Eglinton por meios ocultos. Mais tarde um telegrama, na quinta-feira, pedia-nos para determinar a hora de uma reunião, de modo que escolhemos 9 horas do horário de Madras, na sexta-feira, dia 24. A essa hora nós três – o coronel Olcott, o coronel Gordon e eu própria – nos sentamos na sala que fora ocupada pelo sr. Eglinton. Tínhamos boa luz e nos sentamos com as cadeiras colocadas em forma de triângulo cujo vértice ficava para o norte. Em questão de minutos o coronel Olcott viu lá fora, pela janela aberta, os dois 'Irmãos' cujos nomes são mais bem conhecidos por nós e nos disse isso; viu que passavam à outra janela, cujas vidraças estavam fechadas. Viu um deles apontar com a mão na direção do ar sobre a minha cabeça e senti naquele mesmo momento que algo caía diretamente de cima em meu ombro, vi que caía a meus pés apontando para os dois cavalheiros. Sabia que seria a carta, mas naquele momento fiquei tão ansiosa ao ver os 'Irmãos' que não apanhei o que caíra.

O coronel Gordon e o coronel Olcott viram e ouviram a carta cair. O coronel Olcott voltara a cabeça, deixando de ver a janela por alguns momentos para ver o que o 'Irmão' apontava e assim notou que a carta caíra de um ponto a cerca de dois palmos do teto. Quando voltou a olhar os dois 'Irmãos' haviam desaparecido.

Não existe varanda pelo lado externo, a janela está a diversos palmos do chão.

Voltei-me então, apanhei o que caíra em mim e achei uma carta na caligrafia do sr. Eglinton, datada do Vega, dia 24; uma mensagem da sra. Blavatsky, datada de Bombaim, dia 24, escrita no verso de três de seus cartões de visita; e também um cartão maior, semelhante aos cartões de que o sr. Eglinton tinha grande quantidade e que usava em suas reuniões. Nesse cartão víamos a caligrafia conhecida de K. H. e algumas palavras na caligrafia do outro 'Irmão' que estivera com ele fora de nossa janela e que é o instrutor do coronel Olcott. Todos esses cartões e a carta estavam amarrados juntos com um cordão de seda azul de costura. Abrimos cuidadosamente a carta, cortando um dos seus lados, pois vimos que alguém fizera na aba e em lápis três cruzes latinas e as mantivemos intactas para identificação. A carta diz o seguinte:

"S.S. Vega, sexta-feira, 24 de março de 1882.

"Minha cara sra. Gordon, – Afinal sua vitória chegou! Após as muitas batalhas que tivemos à mesa de desjejum referentes à existência de K. H., e à minha descrença teimosa quanto aos poderes maravilhosos possuídos pelos 'Irmãos', fui forçado a uma crença completa no fato de que são pessoas vivas e tão grande quanto minha descrença anterior será a minha opinião firme e inalterável com relação a eles. Não me é dado dizer tudo que sei, mas K. H. apareceu-me em pessoa há dois dias e o que ele me disse deixou-me aturdido. Talvez a sra. B. já tenha comunicado o fato do aparecimento de K. H. à senhora. O 'Ilustre' não sabe se isso pode ser levado à sra. B. ou não, mas tentará, a despeito das muitas dificuldades existentes. Se ele não o conseguir, eu mandarei pelo correio quando chegar ao porto. Lerei isto para a sra B. e lhe pedirei para marcar o envelope; mas seja lá o que acontecer, eu lhe peço em nome de K. H. para manter esta carta em segredo total até que tenha notícias dele por intermédio da sra. Blavatsky. Uma tempestade de manifestações contrárias certamente se levantará e ela já teve de suportar tanta coisa que é injusto causar-lhe mais problemas". Seguem-se algumas observações sobre sua saúde e o problema que o está levando de volta à Inglaterra, e a carta termina.

Em sua nota sobre os três cartões de visita, a sra. Blavatsky diz: "Sede, 24 de março. Os cartões e o teor certificam aos céticos que a carta anexa dirigida à sra. Gordon pelo sr. Eglinton acabou de me ser trazida do Vega com outra carta dele próprio a mim, e que eu guardo. K. H me diz que viu o sr. Eglinton e teve uma conversa com ele, longa e suficientemente convincente para fazê-lo acreditar pelo resto de sua vida que os 'Irmãos' são seres vivos reais. O sr. Eglinton me escreve: 'A carta que anexo vai ser levada à sra. G. com a ajuda de você. Você a receberá onde quer que estiver e a passará a ela pelo processo comum. Ficará sabendo, com satisfação, de minha conversão completa à crença nos 'Irmãos' e eu não tenho dúvidas de que K. H. já lhe disse como me apareceu há duas noites,' etc. K. H. contou-me tudo. No entanto ele não quer que eu passe adiante a carta por 'meio comum', já que isso iria contra o objetivo e me manda que escreva isto e lhe envie sem demora, de modo que a alcance em Howrah esta noite, dia 24. É o que faço... H. P. Blavatsky."

A caligrafia e a assinatura nesses cartões são perfeitamente conhecidas por nós. A do cartão maior (do pacote do sr. Eglinton) anexado, foi facilmente reconhecida como de Koot Hoomi. O coronel Gordon e eu conhecemos tão bem a sua caligrafia quanto a nossa própria; ela é tão claramente diferente de qualquer outra vista por mim que eu a reconheceria entre milhares. Ele diz: "William Eglinton julgava que a manifestação pudesse ser produzida apenas por intermédio de H. P. B. como 'médium' e que o poder se esgotaria em Bombaim. Resolvemos de outra maneira. Que isto seja uma prova para todos de que o espírito do homem *vivo tem tanta potencialidade em si quanto uma* alma *desencarnada (e muitas vezes mais). Ele estava aflito por* testá-la e muitas vezes duvidava; há duas noites ele obteve a prova necessária e não terá mais dúvidas. Mas ele é um jovem bom, inteligente, honesto e tão verdadeiro quanto o ouro, uma vez convencido da verdade (.....)"

"Este cartão foi tirado de seu estoque, hoje. Que sirva como uma prova adicional da mediunidade maravilhosa dele (.....) K. H.".

Isto está escrito em tinta azul e atravessado em diagonal em vermelho com algumas palavras vindas do outro "Irmão" (o Chohan ou instrutor do coronel Olcott). Tal fenômeno interessante e maravilhoso não é publicado com a intenção de que alguém que não esteja familiarizado com os fenômenos do espiritismo o aceite. Mas escrevo para os milhões de espíritas e também para que um registro possa ser feito de tal experiência interessante. Quem sabe poderá ser preservado até uma geração esclarecida o bastante para aceitar tais maravilhas?

Um pós-escrito acrescenta que desde que a declaração acima fora escrita um documento havia sido recebido, vindo de Bombaim e assinado por sete testemunhas que viram a carta chegar ali, vinda do *Vega*.

Como disse ao começar, esse fenômeno se dirigia mais aos espíritas do que ao mundo externo, porque seu grande valor para o observador experiente dos fenômenos é o caráter inteiramente não-mediúnico dos acontecimentos. Além do testemunho do próprio sr. Eglinton no sentido de que ele, um médium experiente, fora inteiramente convencido de que a entrevista com seu visitante oculto não era uma entrevista com os "espíritos" costumeiros, temos ainda o caráter triplo do incidente que o desliga inteiramente da mediunidade, tanto da parte dele como da parte da sra. Blavatsky.

Certamente houve casos em que, sob a influência da mediunidade, as entidades da sessão espírita comum transportaram cartas para o outro lado do mundo. Um caso concludentemente autenticado em que uma carta inacabada foi levada de Londres a Calcutá atraiu o interesse de todas as pessoas atentas para a importância dessas questões e que lêem o que está atualmente sendo publicado sobre a questão. Mas qualquer espírita reconhecerá que o transporte de uma carta desde um navio no mar a Bombaim e depois de Bombaim a Calcutá, com um objetivo definido e de acordo com um plano precombinado e preanunciado é algo inteiramente fora da experiência da mediunidade. Serão o esforço feito e o gasto de energia necessários para realizar tal fato maravilhoso compensados por efeitos proporcionalmente satisfatórios sobre o mundo espírita? Muita coisa foi escrita ultimamente na Inglaterra sobre o antagonismo entre o espiritismo e a teosofia, e surgiu a impressão, de algum modo, de que as duas posições são incompatíveis. Pois bem, os fenômenos e as experiências do espiritismo são fatos e nada pode ser incompatível com fatos. Mas a teosofia traz ao cenário novas interpretações desses fatos, é bem verdade, e às vezes elas se mostram bastante indesejáveis para os espíritas desde há muito habituados à sua própria interpretação. Daí tais espíritas se mostrarem aqui e acolá inclinados a resistir ao novo ensinamento e a oporem-se à crença de que possam existir em algum lugar homens capazes de fazê-lo seguir adiante. Esta é por conseqüência a questão importante a esclarecer antes de prosseguirmos para a região das sutilezas metafísicas. Que os espíritas compreendam de uma vez que os Irmãos existem e que tipo de pessoas eles são – e um grande passo terá sido dado. Não é de imediato que se deve esperar que o mundo espírita aceite rever suas conclusões quanto às doutrinas ocultas. É apenas pelo intercâmbio prolongado com os Irmãos que surge na mente a convicção de que no tocante à ciência espiritual eles não *podem* estar errados. De início, que os espíritas os julguem em erro, se assim quiserem; mas de qualquer modo não serão dignos de estar acima do povo inculto se vierem a negar a evidência dos fatos fenomenais; se mantiverem para com o ocultismo a atitude que o descrente crasso mantém com relação ao próprio espiritismo. Assim, posso apenas esperar que o brilho dos fenômenos ligados à origem e às aventuras da carta escrita a bordo do *Vega* possa ter servido a algum objetivo positivo, demonstrando ao mundo espírita de modo bastante claro que o grande Irmão a quem esta obra se dedica é, de qualquer maneira, um homem vivo, possuidor de faculdades e poderes daquele tipo anormal que os espíritas até aqui têm atribuído apenas a seres de um plano superior da existência.

De minha parte tenho satisfação em dizer: não apenas sei que ele é um homem vivo devido a todas as circunstâncias detalhadas neste volume, como sou agora capaz de compreender seus traços e aparência por meio de dois retratos que me foram concedidos em circunstâncias extremamente notáveis. Desejava há muito possuir um retrato de meu reverenciado amigo; e há algum tempo ele fez uma meia promessa de que em alguma ocasião me daria tal retrato. Ora, ao se pedir a um adepto o seu retrato o objetivo em mira não é uma fotografia, porém um quadro produzido por um processo oculto que ainda não descrevi, mas com o qual estivera familiarizado havia muito tempo por ouvir dizer. Eu ouvia o coronel Olcott falar, por exemplo, de uma das circunstâncias sob as quais as suas próprias convicções iniciais sobre as realidades do poder oculto se haviam formado muitos anos atrás, em Nova Iorque, antes que ele realmente ingressasse na "senda". A sra. Blavatsky nessa ocasião lhe dissera para trazer-lhe um papel que ele pudesse com certeza identificar a fim de que ela fizesse precipitar um retrato sobre o mesmo.

Nós não podemos, está claro, à luz do conhecimento comum, fazer qualquer conjetura sobre os detalhes do processo empregado, mas assim como um adepto pode, como tive tantas provas disso, precipitar escrita dentro de envelopes fechados e sobre as páginas de panfletos fechados, que ainda não tiveram mais páginas separadas pela guilhotina, da mesma forma pode precipitar cores de maneira a formar um quadro. No caso sobre o qual o coronel Olcott me falava ele levara para casa um pedaço de papel de anotação de um clube em Nova Iorque – papel que trazia o timbre do clube – e o dera à sra. Blavatsky. Esta o colocara entre as folhas do mata-borrão sobre a escrivaninha, passara a mão por fora dessa base e em questão de momentos o papel marcado lhe fora devolvido com um quadro completo representando um místico indiano em estado de *samadhi*. A execução artística desse desenho foi considerada por artistas, aos quais o coronel Olcott em seguida o mostrou, como tão boa que o compararam às obras dos velhos mestres a quem adoravam de modo especial, afirmando que como curiosidade artística era coisa singular e de preço inestimável. Pois bem, ao desejar um retrato de Koot Hoomi é claro que eu pensava em um retrato precipitado e parece que logo antes de uma visita recente feita pela sra. Blavatsky a Allahabad alguma coisa deve ter sido dita a ela sobre a possibilidade de que esse desejo meu fosse satisfeito, pois no dia em que ela chegou pediu-me para lhe dar um pedaço de papel branco e espesso e que o marcasse. Ela o deixaria em seu livro de anotações e havia motivos para contar que um certo *chela* altamente avançado de Koot Hoomi, e que ainda não era um adepto completo, mas se achava bem adiantado no caminho para isso, faria o necessário para produzir o retrato.

Nada aconteceu naquele dia ou naquela noite. O livro de recortes permaneceu sobre a mesa na sala de estar e era examinado de vez em quando. Na manhã seguinte foi examinado por minha esposa e lá estava minha folha de papel ainda em branco. Mesmo assim o livro de recortes continuava bem à vista sobre a mesa da sala de estar. Às onze e meia fomos ao desjejum; a sala de jantar, como acontece tantas vezes no caso dos bangalôs indianos, era separada da sala de estar por uma arcada apenas, e por cortinas que estavam abertas. Enquanto nos encontrávamos no desjejum, a sra. Blavatsky de repente mostrou, pelos sinais com que todos que a conhecem estão familiarizados, que um de seus amigos ocultos se achava por perto. Era o *chela* a quem me referi antes. Ela se levantou, achando que ele poderia querer que se retirasse para o quarto, mas o visitante astral, segundo disse, fez com que voltasse à mesa. Após o desjejum olhamos o livro de recortes e na folha de papel que eu marcara e estivera inteiramente branca, vista por minha esposa uma ou duas horas antes, havia um retrato de perfil precipitado. O rosto em si fora deixado em branco, tendo apenas alguns toques dentro dos limites do espaço que ocupava; mas o resto do papel em volta estava coberto de sombras azuladas e nubladas. Por leve que fosse o método pelo qual o resultado fora produzido, o esboço do rosto era perfeitamente definido e sua expressão tão vividamente apresentada como teria ocorrido com um retrato completo.

De início a sra. Blavatsky não se mostrou satisfeita com o esboço. Conhecendo pessoalmente o retratado, ela era capaz de apreciar as deficiências, mas embora eu tivesse esperado um retrato mais completo, fiquei suficientemente satisfeito com aquele e por isso relutei em que a sra. Blavatsky tentasse qualquer experiência com ele, ela própria, para melhorá-lo, no receio de que seria prejudicado. No decurso da conversa M. se colocou em comunicação com a sra. Blavatsky e disse que faria de próprio um retrato em outro pedaço de papel. Não se tratava nesse caso de um "fenômeno de prova", de modo que depois de eu ter obtido e dado à sra. Blavatsky um pedaço (marcado) de cartolina de Bristol, o pedaço foi guardado no livro de recortes e levado ao quarto dela onde, livre dos magnetismos cruzados e confusos da sala de estar, M. poderia operar melhor.

Agora podemos compreender que nem o produtor do esboço que eu recebera nem M. são normalmente artistas. Conversando sobre toda a questão de quadros ocultos, fiquei sabendo pela sra. Blavatsky que resultados supremamente notáveis foram obtidos por adeptos cuja ciência oculta teve como base um treinamento artístico comum. Mas mesmo sem isto o adepto pode produzir um resultado que para todos os críticos comuns se assemelha à obra de um artista, bastando pensar muito claramente, em sua imaginação, no resultado que deseja produzir e depois precipitando a matéria colorante de acordo com tal concepção.

No período de cerca de uma hora a partir do momento em que ela levou o pedaço de cartolina – mas o tempo pode ser menos, não estávamos marcando – a sra. Blavatsky o trouxe de volta para mim com outro retrato, novamente um perfil, embora preparado com mais requinte. Ambos os retratos eram obviamente do mesmo semblante e nada, quero dizê-lo de imediato, pode ultrapassar a pureza e ternura elevada de sua expressão. Está claro que não apresenta qualquer sinal de idade; Koot Hoomi, a julgar pelos anos de sua vida, é apenas um homem que podemos chamar de meia-idade, mas a existência fisicamente simples e refinada do adepto não deixa traço da passagem do tempo, e enquanto os nossos rostos se desgastam com rapidez após quarenta anos de idade, tensionados, murchos e queimados pelas paixões a que todas as vidas comuns estão mais ou menos expostas – a idade do adepto continua durante períodos de tempo que nem me atrevo a definir aparentemente apresentando a perfeição do início da maturidade. M., o protetor especial da sra. Blavatsky, segundo posso avaliar por um retrato seu que vi, embora não me pertença, continua no auge da vitalidade. Ele tem sido o protetor oculto dela desde o tempo em que a sra. Blavatsky era criança; e hoje ela já é uma senhora idosa. Ela me afirma que ele jamais teve aspecto diferente daquele que apresenta agora.

Com isso eu registrei todos os fatos externos relacionados às revelações que tive o privilégio de fazer. A porta que dá para o conhecimento oculto continua entreaberta e ainda é permitido que peregrinos do mundo externo possam ultrapassar seu umbral. Esta possibilidade se deve a circunstâncias excepcionais e pode não continuar por muito tempo. Sua continuação poderá depender em grande parte da medida em que o mundo em geral perceba e compreenda a oportunidade agora oferecida. Alguns leitores que estão interessados, mas que tardam a perceber quais medidas práticas podem adotar, podem também perguntar o que lhes é possível fazer para aproveitar essa oportunidade. Minha resposta guia-se pela famosa afirmação feita por Sir Robert Peel: "Participe, participe, participe!" Dê o primeiro passo na direção de apresentar uma resposta à oferta que emana do mundo oculto. Participe, participe; em outras palavras, ingresse na Sociedade Teosófica – a única associação que hoje está ligada por algum laço reconhecido de união à Fraternidade dos Adeptos no Tibete. Existe uma Sociedade Teosófica em Londres, como existem outras filiais em Paris e na América, bem como na Índia. O fato de que tais filiais possam fazer pouco não invalida a importância que possuem. Após um buscador haver ingressado não existe muito para que *ele* faça, por enquanto. O simples crescimento das filiais da Sociedade Teosófica como associações de pessoas que compreendem a sublimidade do adeptado e que puderam sentir que o relato contido neste livro, e em muitos outros volumes maiores de sabedoria oculta, é absolutamente verdadeiro – verdadeiro não como as "verdades" religiosas ou conjeturas ortodoxas são tidas como verdadeiras por seus crentes, mas tão real quanto o guia postal de Londres é verdadeiro; e assim como os relatos dos trabalhos do Parlamento que as pessoas lêem de manhã são reais; o simples ingresso dessas pessoas em uma sociedade sob condições que podem capacitá-las a debater a questão, ainda que nada mais façam, pode na verdade causar um resultado prático em relação à medida em que as autoridades do mundo oculto permitirão maiores revelações do conhecimento sublime que possuem. Lembrem-se, esse saber é um conhecimento verdadeiro de outros mundos e de outros estados de existência – e não conjeturas vagas sobre o inferno, o céu e o purgatório, porém conhecimento preciso de outros mundos que existem neste momento, e cuja condição e natureza os adeptos conhecem, assim como podemos conhecer a condição e a natureza de uma cidade desconhecida que vamos visitar.

Estes mundos estão ligados ao nosso, e nossas vidas às vidas que eles têm; e será que um relacionamento mais estreito com os poucos homens na Terra que estão em posição de nos falar mais sobre eles será altaneiramente rejeitado pela vanguarda do mundo civilizado, as classes cultas da Inglaterra? Certamente nenhum grupo insensível será suficientemente espiritualizado para compreender o valor desta oportunidade e suficientemente prático para seguir o conselho já citado, e – "participar, participar, participar".

7. Anexo à Quarta Edição Inglesa

A necessidade de reimprimir esta obra para uma quarta edição me dá uma oportunidade de divulgar uma discussão que ocorreu na imprensa espírita sobre uma carta endereçada a *Light*, de primeiro de setembro de 1883, pelo sr. Henry Kiddle, um espírita norte-americano. Diz a carta:

> *Ao Editor de "Light".*
>
> SENHOR – *Em um texto publicado na sua edição de 21 de julho, "G.W., M.D."[51], comentando o livro* O Budismo Esotérico, *diz: "Em relação a este Koot Hoomi, é notável, e lamentável, o fato de que o sr. Sinnett, embora esteja em correspondência com ele há anos, nunca teve autorização para vê-lo." Concordo inteiramente com o seu correspondente; e este não é o único fato insatisfatório para mim. Ao ler o livro* O Mundo Oculto, *do sr. Sinnett, mais de um ano atrás, tive a grande surpresa de encontrar em uma das cartas apresentadas pelo sr. Sinnett como tendo sido transmitidas a ele por Koot Hoomi, da misteriosa maneira citada, uma passagem tirada quase literalmente de uma palestra dada por mim sobre Espiritismo em Lake Pleasant, em agosto de 1880, e publicada no mesmo mês por* Banner of Light. *Como o livro do sr. Sinnett só apareceu um bom tempo depois (cerca de um ano, creio), é claro que eu não citei, nem consciente, nem inconscientemente, suas páginas. Como, então, esta passagem apareceu na misteriosa carta de Koot Hoomi?*
>
> *Mandei uma carta ao sr. Sinnett, através dos editores dele, anexando as páginas publicadas da minha palestra,*

---

[51] M.D.: *medical doctor*, isto é, médico. (N. ed. bras.)

com a parte usada por Koot Hoomi assinalada, e pedi uma explicação, porque me surpreendia que um sábio tão grande como Koot Hoomi necessitasse pedir emprestada *alguma coisa de um estudante das coisas espirituais como eu. Até o momento não recebi resposta alguma; e surgiu uma pergunta em minha mente – será, Koot Hoomi, um mito? Ou, caso não seja, será ele um adepto tão grande que imprimiu em minha mente seus pensamentos e suas palavras enquanto eu estava preparando minha palestra? Neste último caso ele não poderia dizer, coerentemente:* "Percant qui ante nos nostra dixerunt".[52]

Talvez o sr. Sinnett possa pensar que não vale a pena resolver este pequeno problema; mas o fato de que a existência da fraternidade ainda não tenha sido comprovada pode induzir alguns a levantar a questão sugerida por "G.W.,M.D.": existe alguma ordem secreta como esta? Desta questão, que não tem a intenção de sugerir nada ofensivo ao sr. Sinnett, depende outra questão ainda mais importante. Será que o livro, recentemente publicado pelo sr. Sinnett, é um expoente do budismo esotérico? É, sem dúvida, um trabalho feito com grande habilidade, e as suas afirmações merecem ser analisadas profundamente; mas a questão principal é, será que estas afirmações são verdadeiras, e como elas podem ser verificadas? Como isso não pode ser feito exceto pelo uso de poderes anormais ou transcendentais, as afirmações devem ser aceitas – se o forem – com base no ipse dixit[53] *do destacado adepto, que foi tão generoso ao ponto de sacrificar o seu caráter esotérico, ou o seu voto, e transformar o sr. Sinnett neste canal de comunicação com o mundo externo, transformando assim este conhecimento sagrado em exotérico. Assim, se deve ser aceita esta publicação, com*

---

[52] Em latim, "percam-se aqueles que antes de nós disseram as nossas coisas". (N.ed.bras.)

[53] *Ipse dixit:* "ele mesmo disse", em latim. Frase com que os discípulos de Pitágoras se referiam aos ensinamentos do mestre. (N. ed. bras.)

sua doutrina maravilhosa das "cascas", que derruba as conclusões consoladoras dos espíritas, a autoridade deve ser estabelecida e a existência do adepto ou dos adeptos – isto é, a realidade do adeptado – deve ser comprovada. O primeiro passo para isso dificilmente já foi dado, penso eu. Tenho confiança em que este livro será analisado com todo cuidado, e que será esclarecida a natureza das suas afirmações, se elas são budismo esotérico ou não.

A seguir, as passagens mencionadas, colocadas lado a lado para que a comparação seja mais fácil.

Trecho do discurso do sr. Kiddle, intitulado *"Perspectiva Atual do Espiritismo"*, pronunciado em Lake Pleasant, no encontro de domingo, 15 de agosto de 1880:

Meus amigos, as idéias governam o mundo; e à medida que as mentes dos homens recebem novas idéias, deixando de lado as idéias velhas e estéreis, o mundo avança. A sociedade se apóia nelas; poderosas revoluções surgem delas; instituições caem por terra devido ao seu avanço. É tão impossível resistir ao seu surgimento, quando chega o momento, quanto interromper o progresso das marés.

Trecho da carta de Koot Hoomi ao sr. Sinnett, em *O Mundo Oculto*, terceira edição, p. 102. A primeira edição foi publicada em junho de 1881:

As idéias governam o mundo; e, à medida que as mentes dos homens receberem novas idéias, deixando de lado as idéias velhas e estéreis, o mundo avançará, poderosas revoluções surgirão, crenças e mesmo poderes cairão por terra devido ao seu avanço, esmagados por sua força irresistível. Será tão impossível resistir ao seu surgimento quanto interromper o progresso das marés. Mas tudo isso ocorrerá gradualmente, e, antes que ocorra, nós temos uma tarefa diante de nós; a de eliminar tanto quanto possí-

E a atividade chamada espiritismo está trazendo um novo conjunto de idéias para o mundo – idéias sobre os assuntos mais importantes, que dizem respeito à verdadeira posição do homem no universo; sua origem e destino; a relação do que é temporário com o que é Eterno; do finito com o infinito; da alma imortal do homem com o universo material no qual ele vive – idéias maiores, mais gerais, mais abrangentes, que reconhecem mais completamente o reino universal da lei como expressão da vontade Divina, inalterada e inalterável, em relação à qual há apenas um ETERNO AGORA, enquanto que para os mortais o tempo é passado ou futuro, conforme se relaciona a sua existência finita neste plano material, etc., etc., etc.

vel a escória deixada a nós pelos nossos piedosos antecessores. Idéias novas devem ser plantadas em lugares limpos, porque estas idéias abordam os assuntos mais importantes. O que nós estudamos não são fenômenos físicos, mas estas idéias universais; e para compreender os fenômenos, é preciso primeiro compreendê-las. Elas dizem respeito à verdadeira posição do homem no universo, em relação aos seus nascimentos anteriores e futuros; à sua origem e destino último; à relação do que é mortal com o que é imortal, do temporário com o eterno, do finito com o infinito; idéias maiores, mais grandiosas, mais abrangentes, que reconhecem o reino eterno da lei imutável, inalterada e inalterável, e em relação à qual há apenas um ETERNO AGORA; enquanto que, para os mortais não-iniciados, o tempo é passado ou futuro, conforme se relaciona à sua existência finita neste pedaço de barro, etc, etc, etc.

Nova Iorque, 11 de agosto de 1883, Henry Kiddle

A aparição desta carta causou perplexidade, sem perturbar demasiado a equanimidade dos estudantes teosóficos. Se ela tivesse sido publicada logo depois da primeira edição de *O Mundo Oculto,* seu efeito poderia ter sido mais sério, mas neste meio tempo os Irmãos haviam gradualmente publicado por meu intermédio uma quantidade considerável de ensinamentos filosóficos, então já incorporados em meu segundo livro, *O Budismo Esotérico,* e espalhados pelas edições de dois ou três anos de *The Theosophist.* Os leitores haviam passado do estágio de desenvolvimento em que teria sido possível supor que o principal autor deste ensinamento pudesse, em qualquer momento, ter alguma tentação intelectual de pedir emprestadas idéias de uma palestra espírita. Várias hipóteses foram formuladas para explicar a misteriosa identidade das duas passagens citadas, e pessoas que não aceitavam os ensinamentos teosóficos, porque eles derrubavam concepções a que se apegavam, ficaram extremamente encantadas ao ver meu venerável instrutor culpado, segundo pensavam, de um plágio comum e vulgar. Um par de meses passou-se antes que pudesse ser obtida da Índia uma resposta sobre a questão, e enquanto isso o "incidente Kiddle", como ele ficou conhecido, foi tratado com satisfação por vários correspondentes nas colunas de *Light* como um golpe fatal na legitimidade dos Mahatmas indianos como expositores da verdade esotérica.

A seu devido tempo, recebi do próprio Mahatma Koot Hoomi uma longa e instrutiva explicação do mistério; mas esta carta chegou a mim sob a condição do mais absoluto segredo.[54] Aderindo rigidamente à política que haviam seguido todo o tempo de manter dentro de estreitos limites a comunicação do seu ensinamento ao mundo em geral, os Irmãos continuavam tão dispostos como sempre a deixar a to-

---

[54] Este texto do Mahatma K.H. está hoje publicado como Carta 117 da edição cronológica das *Cartas dos Mahatmas Para A. P. Sinnett.* (N. ed. bras.)

dos completa liberdade intelectual de descreditar neles, e de rejeitar a revelação deles se a sua intuição espiritual recomendasse assim. Desde o início eles me haviam recusado provas definitivas e irrefutáveis dos seus poderes, que eu havia desejado no início como armas com as quais eu poderia ter combatido vitoriosamente a incredulidade. Agora, da mesma forma, eles evitavam interferir sobre as conclusões de quaisquer leitores que pudessem duvidar deles, depois do rico conteúdo do ensinamento mais recente, com base em suspeitas que não tinham fundamentos reais, embora pudessem parecer plausíveis. No entanto, estando eu próprio impedido de fazer qualquer uso público da carta do Mahatma, alguns dos residentes e visitantes da Sede Internacional da Sociedade em Adyar, Madras[55] vieram a saber da verdade sobre o caso, e apareceram algumas comunicações na revista da Sociedade que davam toda a informação necessária a qualquer pessoa interessada honestamente em compreender a verdade da questão. No número de dezembro do *Theosophist*, o sr. Subba Row publicou um artigo de palavras muito cuidadosas, apenas sugerindo a verdadeira explicação do caráter idêntico das passagens citadas pelo sr. Kiddle. Ele fez principalmente uma detalhada análise das frases "plagiadas", com o objetivo de mostrar que na verdade nós poderíamos ter adivinhado por nós próprios, se tivéssemos sido suficientemente atentos desde o início, que havia sido feito algum erro, e que o Mahatma não poderia haver desejado escrever as frases tal como elas estavam. A interpretação sugerida pelo sr. Subba Row era a seguinte:

> "*Portanto, a partir de um exame cuidadoso do conteúdo da passagem, qualquer leitor imparcial chegará à conclusão de que alguém deve ter sido muito descuidado com ela, e*

---

[55] No final do século 20, a cidade de Madras mudou de nome para Chennai. (N. ed. bras.)

não ficará surpreso se souber que ela foi inconscientemente alterada devido à displicência e ignorância do chela por cujo intermédio ela foi 'precipitada'. Às vezes ocorrem estas alterações, omissões e erros no processo de precipitação; e eu agora asseguro que tenho certeza, com base em um exame da prova original da precipitação[56] de que este foi o caso em relação à passagem em discussão".

O mesmo *Theosophist* em que este artigo foi publicado continha uma carta do general Morgan em resposta a vários ataques espíritas às posições teosóficas, e no decorrer das suas ponderações ele se refere ao "incidente Kiddle" da seguinte maneira:

"Felizmente vários entre nós receberam autorização para olhar além do véu do mistério das passagens paralelas, e todo o assunto está explicado de modo muito satisfatório para nós; mas só temos permissão de dizer que muitas passagens ditadas originalmente ao chela foram inteiramente omitidas durante a precipitação da carta recebida pelo sr. Sinnett. Bastaria nosso grande Mestre permitir que os seus humildes seguidores fotografassem e publicassem no Theosophist *o papel que nos foi mostrado, em que frases inteiras, explicativas, e aspas, estão deformadas e obliteradas, e conseqüentemente omitidas na transcrição inábil do chela. O público teria uma visão única, algo inteiramente desconhecido pela ciência moderna, isto é, uma impressão* akáshica *tão boa quanto uma foto de pensamentos expressos mentalmente em um ditado à distância".*

Um ou dois meses depois da aparição destas indicações fragmentárias, recebi uma nota do Mahatma liberando-me de todas as restrições anteriores sobre a carta que ele me havia

---

[56] "Precipitação" é um termo químico, usado como metáfora para designar o processo de materialização das cartas. (N. ed. bras.)

enviado com a explicação completa. No entanto, o assunto naquele momento parecia haver perdido interesse para todas as pessoas da Inglaterra a cuja opinião eu dava valor. Dentro da Sociedade Teosófica de Londres, agora já uma organização grande e crescente, o incidente Kiddle era olhado como pouco mais que uma piada, e a idéia de que o Mahatma que havia inspirado os ensinamentos de *O Budismo Esotérico* pudesse haver "plagiado" uma palestra espírita era considerada tão absurda que nada que aparentasse comprová-la poderia ter qualquer importância. Eu não estava disposto, portanto, a tratar as suspeitas que alguns críticos haviam formulado como se houvesse um apelo da minha parte ao público para que escutasse algo que seria descrito como uma defesa – e uma defesa estranhamente atrasada – do Mahatma.

No entanto, agora que é necessária esta nova edição de *O Mundo Oculto*, a decisão que tomo é obviamente adequada. A nova carta do Mahatma constitui em si mesma uma correção da carta que reproduzo em parte nas páginas 145 e seguintes, e além do interesse da explicação que ela dá sobre o processo de precipitação, as idéias que ela contém são, em si mesmas, valiosas e sugestivas.[57]

"A carta em questão", escreve o Mahatma, referindo-se ao texto que recebi inicialmente, *foi produzida por mim enquanto estava em uma viagem, cavalgando. Ela foi ditada mentalmente para um jovem chela e 'precipitada' por ele, que ainda não dominava este ramo da química psíquica, e que teve de transcrever o texto a partir de impressões difíceis de enxergar. Portanto, metade dela foi omitida, e a outra metade mais ou menos omitida pelo 'artista'. Na ocasião, quando ele perguntou se eu desejava olhá-la de novo e fazer*

---

[57] Sinnett reproduz a seguir, com pequenas omissões ou alterações de detalhes quase sempre sem importância, longos trechos da carta publicada mais tarde como Carta 117 (edição cronológica da Editora Teosófica) ou Carta 93 (terceira edição) das *Cartas dos Mahatmas Para A.P. Sinnett* (*Mahatma Letters to A. P. Sinnett*). (N. ed. bras.)

correções, respondi – imprudentemente, confesso – 'assim está bem, garoto, não tem grande importância se você saltar umas poucas palavras'. Eu estava fisicamente muito cansado por cavalgar 48 horas sem interrupção e (também fisicamente) – meio adormecido. Além disso, tinha questões muito importantes para atender psiquicamente e, assim, pouco restava de mim para dedicar àquela carta. Quando acordei, soube que ela já havia sido mandada, e, como na época eu não estava prevendo a sua publicação, nunca mais pensei nela desde então. Bem, eu nunca havia evocado a fisionomia espiritual do sr. Kiddle, nunca havia ouvido falar da existência dele, nem tinha consciência do seu nome. Tendo sentido interesse pelo progresso intelectual dos fenomenalistas – devido à nossa correspondência, ao seu ambiente de Simla e seus amigos – progresso este, aliás, que senti que estava fazendo marcha atrás no caso dos espíritos norte-americanos – dirigi minha atenção em várias direções, inclusive ao Lago ou Monte Pleasant, durante os dois meses prévios ao grande acampamento deles, aproximadamente. Algumas das curiosas idéias e frases que representavam as esperanças e aspirações gerais dos espíritos norte-americanos permaneceram impressas em minha memória, e eu lembrava apenas estas idéias e algumas frases isoladas, completamente à parte das personalidades daqueles que as retinham consigo ou que as haviam expressado. Daí a minha completa ignorância em relação ao palestrante que eu inocentemente prejudiquei, segundo as aparências, e que agora faz um alarido. No entanto, se eu tivesse ditado minha carta da forma que agora ela aparece impressa, certamente pareceria suspeito, e embora estivesse longe do que geralmente se considera plágio, ainda assim, na ausência de quaisquer aspas, o fato seria criticável. Mas não fiz nada semelhante a isso, como a impressão original, agora diante de mim, mostra claramente. E antes de prosseguir, devo explicar-lhe algo sobre este modo de precipitação. As experiências recentes da Sociedade Para Pesquisa Psíquica o ajudarão muito a compreender o meca-

nismo desta telegrafia mental. Você observou no jornal daquela organização que a transferência do pensamento é efetuada acumulativamente. As imagens de figuras, geométricas ou outras, que o cérebro ativo tem impressas em si, são gradualmente impressas no cérebro recipiente do sujeito passivo – como mostra a série de reproduções ilustradas nos recortes. São necessários dois fatores para uma telegrafia mental perfeita e instantânea – forte concentração no operador e total passividade receptiva no sujeito leitor. Quando há perturbação de qualquer uma destas condições, o resultado é proporcionalmente imperfeito. O leitor não vê a imagem como no cérebro do telegrafista, mas como ela surge em seu próprio cérebro. Quando o pensamento do telegrafista se distrai, a corrente psíquica se quebra, e a comunicação fica desarticulada e incoerente. Em um caso como o meu, o chela tinha, digamos, que pegar o que podia da corrente que eu estava mandando para ele, e, como assinalado acima, emendar os pedaços rompidos da melhor maneira possível. Você não vê a mesma coisa no mesmerismo vulgar – em que o maya *impresso na imaginação do sujeito pelo operador se torna em um momento mais forte, depois mais fraco, à medida que o operador mantém a imagem ilusória escolhida com maior ou menos firmeza diante da sua própria imaginação? E com que freqüência os clarividentes criticam o magnetizador por tirar as idéias deles do assunto em consideração. E o curador mesmérico sempre lhe dará seu testemunho dizendo que se ele se permite pensar em qualquer coisa diferente da corrente vital que está derramando sobre o paciente, é compelido imediatamente a restabelecer a corrente ou parar o tratamento. Então eu, neste caso, tendo naquele momento mais vividamente em minha mente o diagnóstico psíquico do atual pensamento espírita, do qual o discurso do Lake Pleasant foi um notável sintoma, transferi, involuntariamente, aquela lembrança mais nitidamente do que meus próprios comentários e deduções sobre ela. Podemos dizer que as palavras 'desapropriadas da vítima' – o sr. Kiddle – surgiram como algo destacado e foram mais fortemente fotografadas (primeiro no cérebro do chela e depois no papel diante dele, um processo duplo e muito mais difícil que a simples leitura do pensamento), enquanto que o resto, meus comentários e argumentos – conforme vejo agora –, está dificilmente visível e bastante obscuro nos fragmentos originais diante de mim.*

Ponha uma folha de papel em branco nas mãos de um sujeito mesmerizado, diga a ele que ela contém um certo capítulo de determinado livro que você leu, concentre seus pensamentos sobre as palavras, e – uma vez que ele próprio não tenha lido o capítulo, mas apenas o capte da memória de você – veja como a memória dele refletirá a sua própria sucessão de lembranças, mais ou menos nítidas, da linguagem do autor. O mesmo ocorre com a precipitação, por parte do chela, do pensamento transferido para a superfície do (ou melhor, para dentro do) papel; se a imagem mental for fraca, sua reprodução visível será fraca. E assim por diante, em proporção à quantidade de atenção que ele der. Ele poderia – bastando para isso que fosse uma pessoa de temperamento verdadeiramente mediúnico – ser usado pelo seu "Mestre" como um tipo de máquina impressora psíquica, produzindo impressões litografadas ou psicografadas do que o operador tinha em mente; seu sistema nervoso é a máquina, e sua aura nervosa, o fluido impressor; as cores são tiradas daquele depósito inesgotável de pigmentos (como de tudo o mais) o akasha. *Mas o médium e o chela são diametralmente diferentes, e o chela age conscientemente, exceto em circunstâncias excepcionais, durante processos que não se deve, necessariamente, abordar aqui.*

Bem, assim que soube da acusação – a comoção dos meus defensores chegou até mim através das neves eternas – determinei que fosse feita uma investigação nos pedaços originais da precipitação. Logo à primeira vista vi que fui eu o principal e único culpado, e que o pobre pequeno garoto havia apenas seguido as instruções. Tendo agora restaurado as letras e as linhas – omitidas e borradas sem possibilida-

des de reconhecimento por qualquer outra pessoa além do seu produtor original – em suas cores e lugares adequados, vejo que agora minha carta tem um texto muito diferente, como você verá. Olhando O Mundo Oculto – na cópia mandada por você –, na página citada, fiquei surpreso, ao lê-la cuidadosamente, pela grande discrepância entre a parte 1 e a parte 2, no trecho a que se atribui plágio. Parece não haver qualquer conexão entre as duas; porque, de fato, o que tem a decisão dos nossos chefes (de provar a um mundo cético que os fenômenos estão sujeitos a leis, do mesmo modo que tudo o mais) a ver com as idéias de Platão que "governam o mundo", ou a "Fraternidade prática da humanidade"? Temo que tenha sido apenas devido à sua amizade pessoal pelo autor da carta que você ficou cego para a discrepância e a desconexão de idéias nesta "precipitação" falha, inclusive até agora. De outro modo você não poderia ter deixado de perceber que algo estava errado naquela página; que havia uma falha gritante na conexão. Além disso, tenho de assumir a culpa de outro pecado: jamais sequer olhei para minhas cartas impressas – até o dia da investigação forçada. Li apenas o seu próprio texto original, sentindo que seria uma perda de tempo rever meus fragmentos e rascunhos de pensamentos. Mas agora tenho de pedir a você que leia as passagens tal como foram ditadas originalmente por mim, e que faça a comparação com O Mundo Oculto diante de você. (.....) Em anexo, a cópia verbatim a partir dos fragmentos restaurados, sublinhando em vermelho[58] as frases omitidas, para facilitar a comparação.

(.....) Elementos fenômenicos nunca pensados ..... revelarão, finalmente, os segredos do seu misterioso funcionamento. Platão estava certo <u>ao readmitir todos os elementos de especulação que Sócrates havia descartado. Os problemas do ser universal não são inalcançáveis, nem são destituídos</u>

---

[58] Estas passagens estão aqui sublinhadas e sem itálico, como forma de dar-lhes destaque. (N. ed. bras.)

de valor, quando alcançados. Mas só podem ser resolvidos através do domínio daqueles elementos que agora surgem vagamente nos horizontes do profano. Mesmo os espíritas, com suas visões e noções erradas e grotescamente deturpadas, estão compreendendo, de modo obscuro, a nova situação. Eles profetizam, e suas profecias nem sempre estão destituídas de um ponto de verdade, e de previsão intuitiva, digamos assim. Ouça alguns deles reafirmando o velho, muito velho axioma *"as idéias governam o mundo"; e à medida que as mentes dos homens receberem novas idéias, deixando de lado as idéias velhas e estéreis, o mundo avançará, poderosas revoluções surgirão,* instituições (ah, e *mesmo crenças e poderes,* eles podem acrescentar) *IRÃO cair por terra devido ao seu avanço, esmagados por* sua própria força inerente, não *pela força irresistível das 'novas idéias'* oferecidas pelos espíritas. Sim, eles estão ao mesmo tempo certos e errados. *Será tão impossível resistir à sua influência, quando chegar o momento, quanto interromper o progresso das marés –* certamente. Mas o que os espíritas não percebem – vejo eu –, e o que os seus "Espíritos" não explicam (estes últimos não sabem nada além do que conseguem explicar nos cérebros do primeiros) é que *tudo isso ocorrerá gradualmente e que antes que ocorra* eles, tanto quanto *nós temos* todos um dever a cumprir, *uma tarefa diante de nós: a de eliminar tanto quanto possível a escória deixada a nós pelos nossos piedosos antecessores. Idéias novas têm de ser plantadas em lugares limpos, porque estas idéias abordam os assuntos mais importantes. O que nós* temos de estudar *não são* precisamente *fenômenos físicos* ou a atividade chamada de espiritismo, *mas estas idéias universais;* o número[59], *não o fenômeno: porque, para compreender os fenômenos, é preciso primeiro compreender os números. Eles* realmente *dizem respeito à verdadeira posição do homem no universo,* sem dúvida, mas só *em*

---

[59] Número: fenômeno que se percebe pela inteligência, e não pelos sentidos físicos. (N. ed. bras.)

relação aos seus nascimentos FUTUROS, e não *PASSADOS.* Não são fenômenos físicos, por mais maravilhosos que sejam, que podem explicar ao homem *sua origem,* muito menos *seu destino último,* ou, como um deles afirma, *a relação do que é mortal com o que é imortal, do temporário com o eterno, do finito com o infinito;* etc., etc. Eles falam muito irrefletidamente do que chamam de novas *idéias "maiores",* mais gerais, *mais grandiosas, mais abrangentes,* e ao mesmo tempo eles reconhecem, ao invés *do reino eterno da lei,* o reino universal da lei como expressão de uma vontade Divina. Esquecidos de suas crenças anteriores, e de que "o Senhor se arrependia de haver criado o homem", estes supostos filósofos e reformadores querem convencer seus ouvintes de que a expressão de tal vontade Divina 'é inalterada e inalterável – *em relação à qual há apenas um ETERNO AGORA; enquanto que, para os mortais (não-iniciados?), o tempo é passado ou futuro, conforme se relaciona à sua existência finita neste* plano *material'* – do qual eles sabem tão pouco quanto das esferas espirituais deles – e fizeram delas *um pedaço de barro* com a nossa própria terra, uma vida futura que o verdadeiro filósofo preferiria evitar e não buscar. Mas eu sonho com os olhos abertos ..... De qualquer modo, este não é um ensinamento privilegiado deles próprios. A maior parte destas idéias são tomadas, trecho por trecho, de Platão e dos filósofos de Alexandria. *Isto é o que nós todos estudamos, e o que muitos já compreenderam ..... etc., etc.*

Esta é a cópia fiel do documento original agora restaurado – a "pedra de Rosetta[60] *do incidente Kiddle. E agora, se você entendeu minhas explicações sobre o processo nas palavras pouco mais acima, você não necessita perguntar-me como foi possível que, embora um pouco desconectadas, as frases transcritas pelo chela são principalmente as agora*

---

[60] Pedra de Rosetta: antiga pedra egípcia com inscrições que, uma vez decifradas, levaram à compreensão dos hieróglifos. Foi encontrada em 1799. (N. ed. bras.)

consideradas como plagiadas, enquanto os 'elos que faltam' são precisamente aquelas frases que teriam mostrado que as passagens eram simples reminiscências *se não citações – a nota-chave ao redor da qual agruparam-se minhas próprias reflexões daquela manhã. Pela primeira vez em minha vida eu havia dado séria atenção aos 'meios de comunicação' poéticos, a chamada 'oratória inspiracional' dos palestrantes ingleses e norte-americanos, à sua qualidade e suas limitações. Fiquei surpreso com todo aquele palavreado brilhante mas vazio, e reconheci pela primeira vez, totalmente, sua tendência intelectual perniciosa. Foi o seu materialismo grosseiro e de mau gosto, escondendo-se desajeitadamente sob um vago véu espiritual, que atraiu, na época, meus pensamentos. Enquanto ditava as frases citadas – uma pequena parte das muitas que eu havia estado avaliando durante alguns dias – foram estas idéias que foram projetadas com destaque, enquanto meus próprios comentários intercalados ficaram de fora e desapareceram na precipitação."*

Necessito apenas acrescentar um pedido de desculpas ao sr. Kiddle por minha negligência acidental da sua primeira comunicação sobre este assunto para mim, na Índia. Quando a carta dele, mencionada acima, apareceu em *Light*, eu não lembrava de haver recebido qualquer carta dele enquanto estava na Índia, mas depois de alguns meses em Londres, e examinando papéis trazidos em grande quantidade da Índia, encontrei a nota esquecida. Enquanto estava na Índia, sendo o editor de um jornal diário, minha correspondência era tamanha que as cartas que não necessitavam uma ação imediata da minha parte às vezes eram colocadas de lado depois de uma rápida olhada, e infelizmente às vezes não recebiam mais atenção. E, depois da aparição deste livro, recebi cartas com perguntas de vários tipos de todas as partes do mundo, as quais eu era muito freqüentemente impedido de responder como eu teria desejado devido a outras pressões sobre meu tempo disponível. Não vejo nenhum erro no tom e no estado de espírito com os quais o sr. Kiddle fez o seu questionamento muito natural, e se a sua carta subseqüente a *Light* mostrou certa disposição de formular hipóteses desfavoráveis com base nas passagens paralelas, mesmo esta segunda carta dificilmente justificaria em si mesma alguns dos protestos indignados publicados pelo outro lado. Os espíritas *pur sang*[61] ansiosos por agarrar-se a um incidente que parecia lançar descrédito sobre os ensinamentos teosóficos que ameaçavam tão seriamente seus pontos de vista, foram responsáveis pelo uso do "incidente Kiddle" de um modo tal que provocou réplicas veementes de alguns correspondentes teosóficos que escreviam nas colunas de *Light* e em outros lugares. Levando em conta, no entanto, as explicações que o incidente finalmente fez surgirem, e a compreensão maior que ele nos permite de alguns detalhes interessantes dos métodos pelos quais a correspondência de um adepto pode, às vezes, ser levada adiante, o conjunto do episódio não deve ser lamentado.

As relações com o "Mundo Oculto" que eu tenho tido a felicidade de estabelecer expandiram-se tanto durante os poucos anos que passaram desde que este volume foi escrito, que devo recomendar aos meus leitores o meu segundo livro, *O Budismo Esotérico,* como um informe do seu desenvolvimento posterior. Pode valer a pena, no entanto, já que tem relação direta com a narrativa anterior, inserir aqui alguns textos que escrevi recentemente para apresentar a audiências teosóficas em Londres sobre a questão central discutida neste volume, a existência e as fontes de conhecimento sob o domínio dos adeptos. As evidências desta questão superaram há muito em amplitude e força o testemunho preliminar das minhas próprias experiências na Índia. Em certa ocasião eu resumi algumas destas evidências posteriores da maneira seguinte:

Todas as pessoas que se interessam por qualquer um dos ensinamentos que chegaram ao mundo por intermédio da

---

[61] *pur sang,* "puro sangue" em francês. (N. ed. bras.)

Sociedade Teosófica logo se voltam para as autoridades em que se baseiam estes ensinamentos.

A resposta oculta e ortodoxa dada até agora a quem pergunta sobre a autenticidade de quaisquer afirmativas sobre a ciência oculta tem sido sempre: "Veja por si mesmo". Ou seja, viva uma vida pura e espiritual, cultive as faculdades internas, e gradualmente elas serão despertadas e se desenvolverão até torná-lo capaz de investigar a Natureza por si mesmo. Mas este é um tipo de conselho que jamais um grande número de pessoas esteve disposto a seguir, e conseqüentemente o conhecimento em relação às verdades da ciência oculta permaneceu nas mãos de uns poucos.

Um novo rumo foi adotado agora. Alguns proficientes na ciência oculta romperam as velhas restrições da sua ordem, e subitamente liberaram para o mundo uma torrente de afirmativas, junto com alguma informação sobre os atributos e faculdades que eles próprios adquiriram, e por cujo meio eles aprenderam o que agora nos transmitem.

Há um amplo reconhecimento de que o ensinamento é interessante, coerente, e também corroborado por analogias, mas cada novo estudante deve por sua vez perguntar que segurança nós temos de que as pessoas de quem emana este ensinamento têm condições de garanti-lo. A maior parte das pessoas, eu penso, estaria disposta a admitir que pessoas que possuem, como se considera que os irmãos da teosofia possuem, poderes anormais e extraordinários sobre a Natureza – mesmo nos aspectos da Natureza com que nós estamos familiarizados – podem muito provavelmente ter faculdades que os capacitam a obter uma percepção profunda de muitas das verdades da Natureza que ficam geralmente ocultas. Mas então surge a questão básica, "que garantia você pode dar-nos de que realmente há, por trás das poucas pessoas que aparecem como representantes visíveis da Sociedade Teosófica, quaisquer pessoas como estes Irmãos Adeptos?" Esta é uma velha questão, que ressurge sempre, e que deverá continuar ressurgindo à medida que cada recém-chegado passa pelo umbral da Sociedade Teosófica. Para muitos de nós ela está resolvida há muito; para alguns novos estudantes a existência de Adeptos psicológicos parece tão provável que as garantias dos principais representantes da Sociedade na Índia são prontamente aceitas; mas para outros a existência dos Irmãos deve primeiro ser estabelecida por evidências plenas e inequívocas, para que, depois, valha a pena prestar atenção ao relato que alguns de nós fazemos sobre a doutrina específica que eles ensinam.

Proponho, portanto, examinar as evidências sobre esta questão principal, que certamente está na base de qualquer assunto a que a Sociedade Teosófica, no que diz respeito aos ensinamentos indianos, pode dedicar-se. Naturalmente, não vou incomodá-los com qualquer repetição de incidentes específicos já descritos em textos publicados. O que pretendo fazer é revisar brevemente todo o caso tal como ele está agora, grandemente aumentado e fortalecido durante os últimos dois anos. Para começar, as evidências se dividem em dois grupos. Primeiro, temos o corpo geral de crença comum, que na Índia demonstra que pessoas como os Mahatmas ou Adeptos existem em algum lugar; em segundo lugar, as evidências específicas que mostram que os líderes da Sociedade Teosófica estão em relação com, e gozam da confiança de, tais Adeptos.

Quanto ao conjunto geral da crença, dificilmente será exagero dizer que toda a massa da literatura sagrada da Índia se baseia na crença na existência de Adeptos; e uma crença espalhada muito amplamente, ao longo de grandes áreas de espaço e de tempo, raramente pode ser considerada como tendo surgido do nada, e como não possuidora de uma base factual. Mas examinando o Mahabharata *e os* Puranas *e tudo o que eles nos dizem sobre os "Rishis" ou Adeptos do tempo antigo, posso chamar a atenção de vocês para um texto no* Theosophist *de maio de 1882, sobre alguns livros populares e relativamente modernos da Índia, que recontam as vidas de vários "Sadhus" – outra palavra que significa santo, iogue, ou adepto – que viveram nos últimos mil anos. Neste artigo é dada uma lista de mais de setenta pessoas como estas, cuja memória está gravada em um bom número de livros* Marathi, *em que se registram os milagres que se diz que ocorreram. Naturalmente, pode-se discutir o valor histórico destas narrativas. Eu as menciono simplesmente como ilustração do fato de que a crença em pessoas que possuem os poderes agora atribuídos aos Irmãos não é algo novo na Índia. Além disso, temos o testemunho de muitos escritores modernos sobre os feitos ocultos extraordinários dos iogues e faquires da Índia. Tais pessoas, naturalmente, estão imensamente abaixo do nível psicológico daqueles que nós chamamos de Irmãos, mas as faculdades que eles possuem, às vezes, são suficientes para convencer qualquer pessoa que estude as evidências, de que homens vivos podem obter poderes e faculdades comumente consideradas como sobre-humanas.*

Nos livros de Jacolliot sobre suas experiências em Benares e outros lugares este assunto é amplamente abordado, e alguns fatos relacionados com isto tiveram de ser incluídos nos registros oficiais anglo-indianos. O relato de um diplomata inglês no tribunal de Runjeet Singh descreve como ele estava presente no enterro de um iogue que foi fechado em um local sem ar[62] *por sua própria vontade, durante um período considerável, seis semanas, penso, mas não tenho o relato à mão neste momento para citá-lo em detalhes – e emergiu com vida, ao final daquele tempo, que ele passou em* samadhi *ou transe. Um homem como este seria, é claro, um "adepto" de um tipo muito inferior, mas o registro dos seus feitos tem a vantagem de estar bem autenticado. Além disso, até alguns anos atrás, um vidente altamente espiritualizado, asceta e inspirado, vivia em Agra, onde ensinava a um grupo*

---

[62] No original, *vault*, que pode significar caverna, galeria, catacumba ou cripta funerária. (N. ed. bras.)

de discípulos, e, segundo o próprio testemunho deles, ele tem reaparecido freqüentemente entre eles desde a sua morte. Este fato, em si, era um esforço de vontade realizado em ocasiões predeterminadas. *Um dos seus principais seguidores – um funcionário do governo, culto e altamente respeitado, que agora vive em Allahabad – tem me contado muito sobre ele. A existência dele e o fato de que possuía grandes dons psíquicos são completamente indiscutíveis.*

Assim, na Índia, o fato de que há no mundo pessoas tais como os Adeptos raramente é considerado objeto de disputa. Naturalmente, a maior parte daqueles sobre os quais se pode obter informação definida resulta, quando investigamos, ser iogues de um nível inferior, homens que treinaram suas faculdades interiores até possuírem vários poderes anormais, e mesmo percepções de verdades espirituais. Todavia, todas as perguntas sobre Adeptos superiores a eles recebem a resposta de que certamente eles existem, embora vivam em completo isolamento. A crença geral, vaga e indefinida, de fato prepara o caminho para a investigação que nos diz respeito de modo mais imediato – se os líderes da Sociedade Teosófica estão realmente em relação com alguns dos mais elevados Adeptos que normalmente não vivem na comunidade em geral, nem tornam conhecido o fato do seu adeptado a ninguém, exceto a seus discípulos aceitos de modo regular.

As evidências sobre este ponto se dividem do seguinte modo:

Primeiro, temos as evidências primárias de testemunhas que viram pessoalmente alguns destes Adeptos, tanto em carne e osso como fora do corpo físico, que viram seus poderes serem exercidos, e que obtiveram certo conhecimento sobre sua existência e atributos.

Em segundo lugar, as evidências daqueles que os viram na sua forma astral, identificando-os de várias formas com os homens vivos que outros enxergaram.

Em terceiro lugar, *o testemunho daqueles que obtiveram evidências circunstanciais da sua existência.* As principais testemunhas do primeiro grupo são a sra. Blavatsky e o coronel Olcott. Para aqueles que têm motivos para confiar na sra. Blavatsky, o testemunho dela é, naturalmente, amplo, preciso, e completamente satisfatório. Ela viveu entre os Adeptos durante muitos anos. Ela tem estado em comunicação com eles quase diariamente desde então. Ela tem voltado a eles, e eles a têm visitado em seus corpos naturais em várias ocasiões desde que ela saiu do Tibete depois da sua própria iniciação. Não há alternativa intermediária entre a conclusão de que as suas afirmações gerais sobre os Irmãos são verdadeiras, e a conclusão de que ela é o que alguns inimigos norte-americanos chamam de "principal impostora dos tempos atuais". Estou consciente da teoria defendida por alguns espíritas, segundo a qual ela pode ser uma médium controlada por espíritos que ela confunde com homens vivos, mas esta teoria só pode ser sustentada por pessoas completamente desatentas para nove em cada dez afirmativas que ela faz, para não falar do testemunho de outros.

Como pode ela ter vivido sob o teto de certas pessoas no Tibete durante sete anos ou mais, vendo-os, e aos seus amigos, em suas vidas diárias, sendo instruída por eles, lenta e gradualmente, nas vastas ciências às quais ela se dedica, e ter qualquer dúvida quanto a eles serem homens vivos ou espíritos? A conjetura é absurda. Ou ela está dizendo falsidades quando nos afirma que viveu deste modo entre eles, ou os adeptos que ensinaram a ela são homens vivos. A hipótese dos espíritas sobre os "espíritos" dela está baseada na afirmação feita por ela de que os adeptos lhe aparecem na forma astral quando ela está longe deles. Se eles nunca tivessem aparecido a ela em outras formas, haveria condições de discutir a questão do ponto de vista dos espíritas. Mas os visitantes astrais dela são idênticos em todos os aspectos aos homens entre os quais ela viveu e estudou. Ela tem podido, *intermitentemente, como eu disse, voltar novamente e vê-los em carne e osso. A comunicação astral dela com eles simplesmente preenche os intervalos no seu contato pessoal com eles, que data de muitos anos. Naturalmente, a sinceridade dela poderia ser questionada, embora eu pense que pode ser demonstrado como é extremamente absurdo duvidar disso. E nós poderíamos tanto duvidar da realidade da vida das pessoas mais próximas a nós, das pessoas com quem convivemos e temos mais intimidade, quanto pensar que a senhora Blavatsky pode estar enganada ao descrever os Irmãos como homens vivos. Ou ela está certa, ou tem estado conscientemente tecendo uma enorme teia de falsidades em todos os seus escritos, suas ações e suas conversas durante os últimos oito ou nove anos.*

A alegação de que ela pode ser alguém que fala de modo irresponsável e com tendência ao exagero terá a mesma dificuldade que a hipótese dos espíritas. Corte o que quiser dos detalhes do que a senhora Blavatsky afirma, com base na possibilidade de exagero, e o que resta é um grande e sólido bloco de afirmação que deve ser, ou verdadeiro, ou uma falsidade conscientemente estruturada. E ainda que só houvesse o testemunho da senhora Blavatsky, teríamos o fato maravilhoso do total sacrifício dela à causa da teosofia para tornar a hipótese de ela ser uma impostora consciente uma das hipóteses mais extravagantes que se poderia levantar. Inicialmente, quando nós, na Índia, que nos tornamos especialmente seus amigos, assinalávamos isto, as pessoas diziam: "Mas como você sabe que ela tinha alguma coisa a sacrificar? Ela pode ter sido uma aventureira desde o início". Nós esclarecemos esta questão, como expliquei amplamente em meu prefácio à segunda edição de O Mundo Oculto. *Amplas garantias da identidade pessoal dela vieram de pessoas de grande destaque na Rússia, parentes dela e seus amigos afetuosos. Se ela não tivesse renunciado à sua vida pelo Ocultismo, poderia ter vivido luxuosamente entre os seus, e, na verdade, como integrante da classe aristocrática.*

A hipótese de ela ser uma impostora fica assim prejudicada. Em seguida, vemos uma flagrante incompatibilidade desta hipótese com todos os fatos da vida do coronel Olcott. Tão inegavelmente como no caso da senhora Blavatsky, ele renunciou a uma vida de prosperidade mundana para levar a vida teosófica, sob circunstâncias de grande abnegação física, na Índia. E ele também nos diz que tem visto os Irmãos, tanto fisicamente quanto na forma astral. Ele entrou em contato com os poderes deles através de uma longa série de demonstrações taumatúrgicas impressionantes, quando teve conhecimento do assunto pela primeira na América do Norte. Ele foi visitado em Bombaim pelo homem vivo – seu próprio mestre específico – a quem ele conheceu ao vê-lo na forma astral na América do Norte. Durante anos, sua vida tem sido rodeada de fatos anormais que os espíritas às vezes conjeturam – tão fantasiosamente – que sejam processos espíritas, mas que fazem parte daquela corrente contínua de relacionamento com os Irmãos, e que, para o coronel Olcott, tem sido em parte uma questão de fenômenos ocultos, e em parte um processo de contato entre dois homens em estado de vigília.

Em relação ao coronel Olcott, assim como em relação à senhora Blavatsky, afirmo sem medo que não há meio termo possível entre a extravagante suposição de que ele está mentindo conscientemente, em tudo o que diz sobre os Irmãos, e a outra suposição de que o que ele afirma serve para confirmar a existência dos Irmãos como um fato geral. Lembrem que o coronel Olcott tem sido um co-trabalhador da senhora Blavatsky e tem estado em íntima colaboração com ela durante oito anos. A idéia de que ela foi capaz de enganá-lo todo este tempo com truques fraudulentos, além de monstruosa em vários aspectos, é demasiado absurda para ser defendida. No mínimo, o coronel Olcott, sabe se a senhora Blavatsky é fraudulenta ou autêntica, e ele dedicou toda sua vida ao serviço da causa que ela representa e em testemunho da sua convicção de que ela é autêntica. Examinemos *outra vez a hipótese espírita. A senhora Blavatsky pode ser uma médium cuja presença rodeia o coronel Olcott com fenômenos; mas neste caso ela própria é enganada por influências astrais quanto à verdadeira natureza dos Irmãos que são a vanguarda e a frente de todas as demonstrações de fenômenos, e já vimos razões, penso, para rejeitar esta hipótese como absurda. Não há modo lógico de evitar a conclusão de que as coisas são em geral como ela e o coronel Olcott dizem, ou de que eles são dois impostores conscientes, campeões da época atual nesta questão, ambos sacrificando tudo aquilo em função do que as pessoas mundanas vivem, para divertir-se nesta impostura de uma vida inteira que nada lhes dá exceto uma vida dura e duras acusações.*

Mas a hipótese da autenticidade das afirmativas deles, longe de terminar aqui, de certa maneira começa neste ponto. Nossas testemunhas nativas da Índia vêm agora à frente. Primeiro, Damodar Mavalankar de quem o bem conhecido autor de Hints on Esoteric Theosophy *(Insinuações Sobre Teosofia Esotérica), afirma o seguinte naquele livreto:*

"Você, especialmente, referiu-se em uma carta anterior a Damodar, e perguntou como se podia acreditar que os Irmãos teriam perdido tempo com um garoto como ele, tão magro e de pouca escolaridade, e ao mesmo era possível recusar-se absolutamente a visitar _____ e _____ , europeus da mais fina educação e notável capacitação. Mas você sabe que este rapaz tão magro deliberadamente renunciou à sua alta casta, à sua família, a seus amigos e a uma vasta fortuna, tudo para buscar a verdade? Que ele tem vivido durante anos aquela vida pura, abnegada, sem nada de mundano em si, que nos é dito ser essencial para um contato direto com os Irmãos? 'Ah, um homem de idéia fixa', você diz, 'naturalmente ele não vê nada e vê tudo'. Mas você não percebe onde isso o leva? Os homens que não levam uma vida pura não obtêm provas diretas da existência dos Irmãos.

Um homem que vive a vida pura afirma que obteve tal prova, e você imediatamente o chama de monomaníaco, rejeitando seu testemunho ..... um tipo de posição bastante parcial."

Damodar tem visto alguns dos Irmãos visitarem fisicamente a Sede Central da Sociedade. Ele tem sido visitado repetidamente por eles na forma astral. Ele próprio passou por certas iniciações; adquiriu poderes muito consideráveis, porque tem sido treinado rapidamente em relação a isso, especialmente para que seja um elo adicional de ligação, independentemente da senhora Blavatsky, entre os Irmãos, seus mestres, e a Sociedade Teosófica. Toda a vida que ele leva é um testemunho impressionante do fato de que ele também sabe da existência dos Irmãos. Em qualquer outro caso devemos incluir Damodar na hipótese da fraude consciente supostamente produzida pela senhora Blavatsky, porque ele tem sido íntimo colaborador dela e seu devotado assistente, compartilhando suas refeições, fazendo o trabalho dela e vivendo sob o mesmo teto que ela em Bombay durante vários anos.

Devemos então, ao invés de acreditar nos Irmãos, aceitar a hipótese de que a senhora Blavatsky, o coronel Olcott e Damodar são um grupo de impostores conscientes? Neste caso Ramaswamy deve ser levado em conta. Ramaswamy é um nativo do sul da Índia, muito respeitado, culto, conhecedor do idioma inglês, e trabalha para o governo como escrivão de um tribunal em Tinnevelly, creio. Estive com ele várias vezes. Em primeiro lugar, para mencionar as experiências dele em poucas palavras, ele viu a forma astral do guru da senhora Blavatsky, em Bombaim; depois obteve comunicação clariaudiente com ele, enquanto estava a várias centenas de milhas de distância de todos os teosofistas, em sua própria residência no sul da Índia. Então ele viajou, em obediência a aquela voz, até Darjeeling; em seguida mergulhou audazmente nas selvas do Sikkim em busca do Guru, que ele tinha razões para acreditar que estava naquela região, e depois de várias aventuras o encontrou: o mesmo homem que havia visto antes na forma astral, o mesmo cujo retrato o coronel Olcott possui e que ele tem visto, o orador vivo da voz que o conduziu desde o sul da Índia[63] *Ramaswamy teve uma longa conversa com ele em estado de vigília, ao ar livre, de dia, isto é, com um homem vivo, e voltou na condição de seu chela devotado, o que ainda é neste momento, e seguramente sempre será. No entanto o seu mestre, que o chamou de Tinnevelly e o recebeu no Sikkim, é um daqueles que na hipótese espírita constituem os espíritos-guias da senhora Blavatsky.*

Em seguida vêm mais duas testemunhas, de Simla, que conhecem pessoalmente os Irmãos – dois chelas regulares que foram mandados através das montanhas para uma missão e receberam ordens de visitar-me en passant *e de falar-me sobre seu mestre, o Adepto que se corresponde comigo. Quando eu os conheci, estes homens recém haviam voltado, depois de ter vivido entre os Adeptos. Um deles, Dhabagiri Nath, visitou-me vários dias consecutivos, falou-me durante horas sobre Koot Hoomi, com quem ele havia convivido por dez anos, e deixou a impressão, em mim e em mais um ou dois que o viram, de ser uma pessoa atenta, dedicada e confiável. Mais tarde, durante sua visita à Índia, ele esteve associado a muitos fenômenos ocultos notáveis, produzidos para atender estudantes nativos. Se ele não for o discípulo de Koot Hoomi que declara ser, naturalmente deve ser uma testemunha falsa, inventada para reforçar a vasta impostura da senhora Blavatsky.*

Outro nativo, Mohini Chatterjee, começou pouco depois destes acontecimentos a receber comunicação direta de

---

[63] Veja um relato completo da fascinante experiência de Ramaswamy (S. Ramaswamier), sob o título *"Como um 'Chela' Encontrou seu 'Guru'"*, às pp. 271 e seguintes do livro *Cartas dos Mestres de Sabedoria*, editado por C. Jinarajadasa, Editora Teosófica, Brasília, 1996. (N. ed. bras.)

Koot Hoomi de forma inteiramente independente da senhora Blavatsky, e enquanto estava a centenas de milhas de distância dela. Ele também se tornou um trabalhador devotado da causa teosófica; mas Mohini deve, até onde sei, fazer parte do nosso segundo grupo de testemunhas, aquelas que têm tido comunicação astral pessoal com os Irmãos, mas que ainda não os viram fisicamente.

Outra testemunha é Bhavani Rao, um jovem nativo candidato ao chelado, que certa vez veio ver-me em Allahabad em companhia do coronel Olcott, enquanto a senhora Blavatsky estava em outra parte da Índia, e passou duas noites em nossa casa lá. Ele tem tido comunicação independente com Koot Hoomi, e mais que isso, ele próprio é capaz de atuar como elo de ligação entre Koot Hoomi e o mundo externo. Durante a visita de que falo, ele pôde passar uma carta minha ao mestre, e receber a resposta de volta, mandar uma segunda nota minha, e receber novamente uma pequena nota com algumas palavras de resposta. Não penso que ele fez tudo isso por seus próprios poderes, mas que seu magnetismo era tal que possibilitou a Koot Hoomi realizar isto através dele. A experiência é valiosa porque constitui uma demonstração notável do fato de que a senhora Blavatsky não é uma intermediária essencial na correspondência entre eu e meu venerável amigo. Outros exemplos são dados pela freqüente troca de cartas entre Koot Hoomi e eu através da mediação de Damodar em Bombaim, em uma ocasião em que tanto a senhora Blavatsky como o coronel Olcott estavam longe, em Madras, viajando em uma gira teosófica, durante a qual sua presença em vários lugares era mencionada constantemente nos jornais locais. Eu estava em Allahabad, e na época eu costumava mandar minhas cartas para Koot Hoomi por intermédio de Damodar em Bombaim, e ocasionalmente recebia respostas tão rapidamente que seria impossível que elas fossem fornecidas pela senhora Blavatsky. Ela estava pelo menos a quatro dias mais longe de mim, do ponto de vista das entregas do Correio, do que Bombaim.

Deste modo, minha correspondência bastante volumosa não é obra da senhora Blavatsky, algo demonstrável em relação a uma parte das cartas, e, portanto, algo que se deduz irresistivelmente em relação ao restante; nem é obra do coronel Olcott, como deveria ser, se os Irmãos não existissem realmente. A correspondência é visível, está no papel, e forma uma massa considerável[64]. *Como foi que ela passou a existir, chegando até mim em diferentes lugares e ocasiões, em diferentes países e através de diferentes pessoas? Não sei que hipóteses podem ser levantadas, por alguém que não acredite nos Irmãos, em relação à minha correspondência. Não consigo pensar em nenhuma que não seja imediatamente desmentida pelos fatos.*

Seria inútil copiar, de declarações que têm sido publicadas de tempos em tempos no Theosophist, *os nomes de testemunhas nativas que viram as formas astrais dos Irmãos – formas espectrais que, segundo foram informados, eram os Irmãos – perto da antiga Sede Central da Sociedade em Bombaim. Uma boa nuvem de testemunhas daria declarações sobre tais experiências, e eu próprio, devo acrescentar, vi uma destas aparições em certa ocasião na atual Sede Central, em Madras. Mas, naturalmente, poderia ser alegado que tais aparições foram fenômenos espíritas. Por outro lado, neste caso voltamos às considerações já mencionadas, que mostram que os fenômenos ocultos que rodeiam a senhora Blavatsky não podem ser espíritas. Na verdade, eles só podem ser o que nós, que a conhecemos intimamente e agora estamos estreitamente identificados com a Sociedade, acreditamos com toda convicção que são, isto é, manifestações dos poderes psicológicos anormais daqueles que nós chamamos de Irmãos.*

Enquanto escrevo, o coronel Olcott e o sr. Mohini Mohun Chatterjee, mencionados acima, estão fazendo uma curta visi-

---

[64] As cartas dos Mahatmas a A. P. Sinnett estão depositadas hoje no museu de Londres. (N. ed. bras.)

ta a Londres, e muitas pessoas escutaram dos seus próprios lábios a comprovação do que afirmei aqui – no que diz respeito aos dois – e talvez muito mais. Durante sua recente gira pelo norte da Índia, o coronel Olcott teve a oportunidade de encontrar o Mahatma Koot Hoomi pessoalmente e em carne e osso, identificando assim seu visitante "astral" anterior. Ao mesmo tempo que este encontro ocorreu, o sr. W.T. Brown, um jovem escocês que recentemente se tornou um devotado trabalhador da causa teosófica, também viu o Mahatma; e o sr. Lane Fox, que viajou até a Índia para seguir a pista dada pela Sociedade Teosófica, recebeu na Índia, por métodos anormais, correspondência de Koot Hoomi enquanto a senhora Blavatsky e o coronel Olcott estavam na Europa. Levando em conta, de fato, as evidências reunidas nestas páginas, as numerosas informações sobre os adeptos que ultimamente foram divulgadas nas páginas do *Theosophist*, a argumentação na forma apresentada aqui está ultrapassada. Qualquer um que ainda possa pensar como o sr. Kiddle (se ele persiste em sua opinião manifesta na carta a *Light*, de que as alegações do meu livro sobre a existência dos adeptos ainda estão por ser provadas) deve estar bloqueado em relação à força da razão, ou deve desconhecer a literatura a respeito.

 O segundo documento que desejo inserir aqui foi lido, como o anterior, em um encontro de teosofistas em Londres. Ele aborda as considerações que, depois que a *existência dos Irmãos* foi estabelecida como fato, nos levam a depositar confiança no ensinamento que eles transmitem a nós com relação à origem e destino do homem e a todo o problema da Natureza. O texto é o seguinte:

* Muitas pessoas que abordam a filosofia oculta estão inclinadas a dar grande ênfase à diferença entre acreditar na existência dos "Irmãos" e acreditar no vasto e complicado corpo de ensinamentos que agora foi acumulado pelos seus discípulos recentes. Penso que é possível demonstrar que não há um ponto de pausa em que o homem que inicia esta busca pode racionalmente parar e dizer, "Avancei até aqui, não*

avançarei mais". *Há uma cadeia de considerações que leva qualquer um que tenha compreendido a existência dos Adeptos a sentir-se seguro de que não pode haver grande erro em uma concepção da natureza obtida com ajuda deles. Esta cadeia de considerações possui muitos elos, mas é de fato inquebrantável em sua continuidade, e resiste à pressão em qualquer um dos seus pontos.*

Ela possui muitos elos em parte porque atualmente nenhum daqueles que estão em nossa posição de estudantes – isto é, que estão vivendo uma vida mundana comum enquanto estão estudando Ocultismo intelectualmente – pode obter em si mesmo um conhecimento completo dos Adeptos. Ele não pode vir a saber pessoalmente tudo nem sequer sobre um só Adepto. A completa elucidação desta dificuldade leva a uma compreensão adequada do princípio pelo qual os Adeptos se recolhem em um isolamento parcial, um isolamento que só se tornou parcial em um período muito recente, e que até então foi tão completo que o mundo em geral dificilmente tinha consciência de qualquer conhecimento esotérico do qual pudesse ser ignorante. Esta questão tem extrema importância porque a experiência demonstra que o mundo tem ficado rapidamente ofendido com a maneira hesitante e imperfeita como os Adeptos trataram até aqui com os que foram buscar instrução espiritual junto a eles. Avaliando a política oculta em comparação com as pesquisas no plano do conhecimento físico, a impaciência dos buscadores é muito natural, no entanto, mesmo uma noção limitada das condições da pesquisa mística mostra que a política oculta tem sido razoável.

Naturalmente, todos irão admitir que os Adeptos têm bons motivos para exercer grande cautela ao transmitir qualquer conhecimento científico especifico que coloque poderes normalmente considerados mágicos ao alcance de pessoas moralmente não qualificadas para o seu exercício. Mas as considerações que recomendam esta cautela não são válidas para o conhecimento sobre o progresso espiritual do homem, no processo maior de evolução. E, na verdade, os Adeptos chegaram a esta mesma conclusão: eles empreenderam a comunicação para o grande público do seu seguro conhecimento teórico, e o esforço que estão fazendo não tem resultado, ou pode parecer assim para alguns observadores, apenas devido à magnitude da tarefa, e ao seu aspecto novo, tanto para os instrutores como para os estudantes. Lembrem-se de que se houve esta mudança de política por parte dos Adeptos, a que me referi acima, é uma mudança tão recente que parece estar ocorrendo neste momento.

Se for levantada a questão de por que este seguro conhecimento teórico não foi comunicado antes, parece razoável encontrar uma resposta na situação real do mundo intelectual ao nosso redor, neste momento. A liberdade de pensamento de que os escritores ingleses freqüentemente se orgulham ainda não está amplamente difundida pelo mundo. Dificilmente, em qualquer geração anterior a esta, a livre divulgação de princípios revolucionários em questões religiosas poderia ter sido feita com segurança em algum país. Mesmo agora, as comunidades em que um tal esforço ainda enfrentaria perigo são mais numerosas do que aquelas em que ele pode ser realizado com algum resultado prático. Pode-se entender facilmente por que no mundo oculto foi debatida, até a nossa época, a questão de se promover ou não a divulgação da filosofia esotérica no mundo, com o risco de provocar duras controvérsia e perturbações ainda piores, que provavelmente surgiriam da revelação prematura de verdades que só uma pequena minoria estaria realmente disposta a aceitar. Levando isso em conta, o mistério da reserva dos Adeptos, até recentemente, não pode ser considerado tão grande a ponto de levar-nos a uma hipótese alternativa radical que negue todas as claras evidências atuais da sua ação.

Há fortes motivos para que eles sejam cuidadosos ao lançar um conjunto de discípulos recentemente aceitos na corrente geral do progresso humano: e além disso, a força do próprio processo de treinamento deles é tamanha que faz *com que eles sejam habitualmente muito mais cautelosos do que são mesmo os homens comuns mais prudentes, na sua vida normal.* "Porém", pode-se argumentar, "aceitando tudo isso, mas supondo que pelo menos alguns dos Adeptos chegaram à conclusão de que uma parte do seu conhecimento está pronta para ser apresentada ao mundo, por que eles não apresentam o que estão apresentando com garantias mais fortes, irresistíveis e conclusivas?"

Penso que a resposta pode ser facilmente extraída pensando na maneira como seria natural esperar que uma mudança como esta fosse feita, gradualmente, pelos Adeptos. Neste caso, pensamos que eles chegaram à conclusão de que é desejável ensinar à humanidade em geral algumas partes daquela ciência espiritual até agora transmitida exclusivamente a quem assumia grandes compromissos e votos para justificar o seu acesso a ela. Ao tratar com o mundo, eles naturalmente avançarão ao longo das mesmas linhas em que aprenderam a confiar ao tratar com os aspirantes à iniciação normal. Nunca na história do mundo eles procuraram por tais aspirantes, fizeram concessões ou propaganda de qualquer forma. Tem sido visto como uma lei invariável do progresso humano que uma pequena porcentagem da humanidade sempre virá ao mundo recebendo da Natureza alguns dos atributos próprios do adeptado, e com mentes constituídas de tal modo que podem ter convicção das possibilidades da vida oculta, mesmo a partir das menores fagulhas de evidências disponíveis sobre o assunto. Destas pessoas, algumas sempre têm aberto o caminho à frente, conquistando a condição de chela, e aproveitando quaisquer instrumentos e oportunidades que as circunstâncias lhes oferecem para aumentar seu conhecimento oculto. Quando pressionado deste modo pelo aspirante, o Adepto tem sempre aparecido, mais cedo ou mais tarde.

A mudança de política adotada agora estabelece que o Adepto dará um primeiro passo em direção à sua própria aparição antes da busca do aspirante por ele. Mas podemos facilmente entender que o Adepto, ao iniciar esta mudança, argumentará que se muitos chelas têm até agora avançado sem qualquer ação espontânea da sua parte, uma manifestação do Adepto que não seja muito suave provocará uma corrida quase perigosa de aspirantes desqualificados. De qualquer modo, o Adepto diria que é prematuro começar com uma demonstração demasiado sensacional de faculdades inerentes a um conhecimento espiritual avançado, com o qual o mundo ainda não está familiarizado. Será melhor, no início, fazer uma oferta que estimulará a imaginação apenas de pessoas que estão a um passo daqueles cujos instintos naturais os levam à vida oculta. Este parece ter sido, de fato, o raciocínio adotado pelos Adeptos até agora, e isso pode ajudar-nos a compreender por que, como eu disse no começo, ninguém, entre aqueles estudantes externos que foram chamados de chelas leigos, foi capaz de dizer com base em seu próprio conhecimento pessoal, que sabe tudo sobre os Adeptos.

Por outro lado, reunindo as várias revelações espalhadas sobre os Irmãos, e que envolvem várias pessoas pertencentes à Sociedade Teosófica na Índia, o que se pode saber sobre os Adeptos nos coloca em uma posição muito sólida e bem qualificada para falar com confiança sobre os fatos reais da Natureza no plano superfísico. Estas revelações dispersas – se pode ser aceito o meu raciocínio anterior – foram quebradas e espalhadas de propósito, de modo que só fosse possível chegar a uma convicção completa sobre o Adeptado depois de uma certa quantidade de trabalho empregado na tarefa de reunir as provas dispersas. Mas quando este processo é realizado, temos um certo bloco de conhecimento em relação aos Adeptos, a partir do qual grandes deduções devem necessariamente surgir. Para começar, percebemos que eles possuem, inequivocamente, o poder de conhecer por outros meios, diferentes dos cinco sentidos, os fatos do plano físico com que estamos familiarizados. Percebemos também que eles têm, indiscutivelmente, o poder de sair dos seus próprios corpos e aparecer em locais distantes em contrapartes mais ou menos etéreas que não são apenas instrumentos para produzir impressões sobre outros, mas habitações provisórias para os princípios pensantes do próprio Adepto. Assim, ainda que as comprovações não fossem mais adiante, fica claro o fato de que uma alma humana é algo completamente independente da matéria cerebral e os centros nervosos.

Paro agora de enumerar exemplos. O registro de evidências deve ser dissociado do seu uso em argumentações como esta, mas os registros são numerosos e estão acessíveis para todos que se derem ao trabalho de examiná-los. Se nós sabemos que a alma do Adepto pode passar por vontade própria àquele estado em que as suas faculdades perceptivas são independentes da maquinaria corpórea, não é surpreendente que ele seja capaz de fazer, com base em conhecimento próprio, muitas afirmações sobre os processos da Natureza que estão muito além de qualquer conhecimento alcançável pela mera observação física.

Veja, por exemplo, a afirmativa do Adepto de que alguns outros planetas, além da terra, estão relacionados com o crescimento da grande lavoura da humanidade, da qual somos uma parte. Isto não é transmitido como uma conjetura ou dedução. Os Adeptos nos dizem que, uma vez fora do corpo, eles podem conhecer fatos em alguns outros planetas, tanto como em partes distantes do nosso próprio planeta. Esta não é a crença excepcional de um indivíduo excepcionalmente constituído, que pode ser considerado, pelos céticos, como um alucinado; não há possibilidade de duvidar do fato de que esse é o testemunho comum de um conjunto considerável de homens que praticam o constante exercício experimental de faculdades similares. Deste modo o fato se torna verdadeiramente científico, assim como o fato de que a grande nebulosa de Órion, por exemplo, exibe um espectro gasoso, e é portanto uma verdadeira nebulosa. Todos nós que temos espectroscópios estelares podemos verificar este fato pessoalmente, se aproveitarmos uma noite clara, quando as condições de observação são adequadas. Duvidar disso não é ter mais cuidado que aqueles que crêem no fato, mas apenas um exame errado das evidências. É verdade que em relação às condições dos outros planetas a nossa aceitação da afirmativa dos Adeptos depende da nossa avaliação sobre a boa fé da intenção deles ao dizer-nos que eles fizeram tais e tais observações. No momento atual, devemos deduzir se os Adeptos estão dizendo o que eles acreditam *ser verdade* – quando eles falam da cadeia setenária de planetas a que a terra pertence – ou se estão conscientemente iludindo-nos com afirmações confusas que sabem ser falsas.

Penso que é possível demonstrar de várias maneiras que esta última suposição é absurda. Mas um exame exaustivo do seu caráter absurdo seria em si mesmo uma tarefa considerável. De momento, o que estou tratando de estabelecer não depende da questão de se os Adeptos estão dizendo-nos sobre os planetas algo que sabem que é verdadeiro ou algo que sabem que não é verdadeiro. Minha idéia atual é que, de qualquer modo, os Adeptos sabem a verdade desta questão, e esta posição, como se verá, não é prejudicada pelo fato de que, até agora, nós, os seus discípulos mais recentes, somos incapazes de seguir as suas pegadas e repetir as experiências que dão a base do seu ensinamento.

O mesmo tipo de raciocínio pode ser aplicado a todo o conjunto de ensinamentos que a Sociedade Teosófica busca agora assimilar. Tal como é oferecido agora ao mundo não-iniciado, ele só pode tomar a forma de um conjunto de afirmações de autoridade. E este tipo de ensinamento não é o mais adequado aos nossos métodos, nem ao método de ensino habitual dos Adeptos. Não há um laboratório químico na Inglaterra em que o sistema de ensino seja mais rigidamente confinado aos próprios experimentos do aprendiz que o sistema adotado com os chelas ocultos que seguem o processo regular de iniciação. Passo a passo, à medida que o chela *regular ouve que os fatos ocorrem deste e daquele modo em relação aos mistérios internos da Natureza, ele aprende a empregar as suas próprias faculdades em desenvolvimento à observação direta de tais fatos. Mas estas faculdades em desenvolvimento trazem consigo, como foi assinalado acima, novos poderes sobre a Natureza que só podem ser confiados a aqueles fizeram os devidos votos diante dos Adeptos.*

Ao ensinar pessoas de fora, como estão tentando fazer agora, os Adeptos devem *deixar de lado os seus próprios métodos habituais. Do mesmo modo, se quisermos compreender o que eles estão querendo ensinar, devemos deixar de lado os nossos métodos habituais de investigação. Devemos suspender a nossa exigência costumeira de provas para cada afirmação que é feita, à medida que é anunciada. Devemos depositar uma confiança provisória em cada afirmação com base em nossa convicção ampla, geral, que pode ser confirmada por tipos familiares de demonstração, em que homens como os Adeptos certamente existem, mesmo que não possamos visitá-los quando quisermos; que eles devem entender um conjunto enorme de leis da Natureza que estão fora do alcance dos sentidos físicos; que em qualquer afirmação que fazem a nós, eles devem estar em condições de saber absolutamente se o que dizem é verdade ou não.*

Tendo compreendido isto, cada investigador passa a ficar convencido, à medida que vai ampliando seu entendimento, de que a razão rejeita a idéia de que os Adeptos possam ter qualquer coisa que não seja a mais pura boa fé em sua atual tentativa de transmitir ao mundo parte do seu conhecimento. Pode-se pensar que nós, que chegamos à conclusão de que o ensinamento deles deve ser aceito em seu conjunto, estamos construindo uma grande pirâmide invertida sobre uma base minúscula. Mas a força lógica da nossa posição não é prejudicada por esta objeção. Em cada ramo do conhecimento humano, as inferências transcendem amplamente os fatos observados a partir dos quais elas se desenvolvem.

E mesmo na mais exata das ciências, um teorema é considerado comprovado se todas as hipóteses alternativas, quando examinadas, demonstram ser irracionais. Além disso, mesmo a doutrina do testemunho legal reconhece o valor da evidência secundária onde, devido à natureza do caso, é impossível apresentar evidências primárias. Esta é exatamente a situação em relação à tentativa atual de preencher o golfo que separa a escola da pesquisa física da escola do conhecimento espiritual.

Enquanto nós, deste lado, tínhamos razões para duvidar da existência em qualquer lugar da terra de uma coisa tal como uma escola de conhecimento espiritual, pode não ter valido a pena preocupar-nos com os fragmentos dispersos do seu ensinamento que, de vez em quando, escapavam em formas pouco compreensíveis. Mas duvidar agora da existência desta escola é equivalente, de fato, a duvidar da afirmativa sobre a nebulosa em Órion, segundo o exemplo que descrevi acima. Tal dúvida só pode surgir da desatenção diante dos fatos de todo o problema, e de uma resistência a dar-se ao trabalho *de examinar os fatos completamente, o que separa, como uma espécie de linha divisória, a Sociedade Teosófica da comunidade geral em que ela foi plantada.*

Vista como uma barreira oculta – como um obstáculo que corresponde no caso do chela leigo às provações verdadeiramente sérias que devem ser enfrentadas pelo chela regular – a necessidade de fazer este esforço não pode ser vista como um limite difícil de atravessar. E no outro lado há uma riqueza de informações sobre os mistérios da Natureza que ilumina claramente vastas regiões do passado e do futuro, até aqui mergulhadas em total escuridão para as inteligências críticas, e vítima de conjecturas sem qualquer valor.

Aqueles que examinarem integralmente a questão, e obtiverem um conhecimento completo de todas as considerações que elaborei, obterão assim total convicção de que os Irmãos realmente existem; de que eles devem saber os fatos reais da Natureza que estão por trás e além desta vida;

de que eles estão agora dispostos a transmitir um bloco considerável do conhecimento deles a nós, e de que é ridículo desconfiar da boa fé deles ao fazer isso.

Para todos estes verdadeiros teosofistas, nada do que se refere ao êxito espiritual tem importância comparável ao estudo da vasta doutrina que agora está sendo transmitida às nossas mãos.[65]

Mais informações sobre Teosofia e o Caminho Espiritual podem ser obtidas escrevendo para a Sociedade Teosófica no Brasil *no seguinte endereço: SGAS – Quadra 603, Conj. E, s/n°, CEP 70.200-630 Brasília, DF. Ou telefonando para (61) 226-0662. Também podem ser feitos contatos pelo telefax (61) 226-3703 ou* e-mail: st@sn.org.br.

---

[65] Alguns anos mais tarde, em 1888, surgia a primeira edição da obra *A Doutrina Secreta,* cuja autora visível é Helena Blavatsky. Mas, na verdade, *A Doutrina Secreta* foi redigida por Blavatsky sob a orientação direta de dois Adeptos. Um deles é K.H., o mesmo que se correspondia com Alfred P. Sinnett. (N. ed. bras.)

EDITORA TEOSÓFICA
Livros Para Viver Melhor

O Idílio do Lótus Branco

Mabel Collins

O Idílio do Lótus Branco conta a história verdadeira do desenvolvimento dos poderes psíquicos e espirituais de um jovem sacerdote egípcio, numa época em que o esplendor daquela Antiga Religião de Mistérios estava degenerado por cultos de magia negra.

Esta narrativa descreve o eterno conflito entre o bem e o mal. Contém uma história que foi contada em todas as eras e entre todos os povos. É a tragédia da Alma. Atraída pelo desejo, submete-se ao pecado; confrontada consigo mesma pelo sofrimento, volta-se em busca de auxílio para o Espírito interior que redime; e no sacrifício final completa sua missão e lança bênçãos sobre a humanidade. Este romance ocultista narra em uma bela alegoria a trajetória da Alma humana desde a inocência inicial até a Sabedoria eterna.

| EDITORA TEOSÓFICA |
| *Livros Para Viver Melhor* |

Cartas dos Mestres de Sabedoria
Transcritas e compiladas por

C. Jinarajadasa

Esta é a primeira edição em língua portuguesa das duas séries de Cartas escritas entre 1870 e 1900 por Mestres de Sabedoria para os seus discípulos e para os trabalhadores do movimento teosófico. Transcritas e compiladas pelo escritor e ex-Presidente da Sociedade Teosófica Internacional, C. Jinarajadasa, estas Cartas constituem, um século depois, documentos de valor incalculável, e continuarão a sê-lo por muito tempo, já que o caminho do auto-aperfeiçoamento e a busca do discipulado não são fenômenos passageiros na história da humanidade.

Um dos livros mais importantes da literatura espiritual e teosófica em nosso país. Edição ilustrada com diversos fac-símiles de originais das cartas.

✂--
RECORTE AQUI

| PRT-085/99 |
| UP – CT GEOPE |
| DR/BSB |

CARTA-RESPOSTA
NÃO É NESCESSÁRIO SELAR

O SELO SERÁ PAGO PELA

**EDITORA
TEOSÓFICA**

70324-999 – BRASÍLIA-DF

✂--
RECORTE AQUI

(conteúdo invertido no original:)

EDITORA TEOSÓFICA
Livros Para Viver Melhor

5 MANEIRAS FÁCEIS PARA ADQUIRIR NOSSOS LIVROS

1 – TELEFONE
Ligue grátis 0800 610020
Exclusivamente para pedidos de livros.

2 – FAX
(0xx61) 226-3703

3 – REEMBOLSO POSTAL

4 – CARTÃO DE CRÉDITO VISA

5 – INTERNET E-MAIL
st@stb.org.br
Home page: http://www.stb.org.br/livrar.html

***FAÇA SEU CADASTRO CONOSCO
E RECEBA O NOSSO CATÁLOGO
EM SUA CASA SEM NENHUM CUSTO***

Nome:_____

End.:_____

Bairro:_____

CEP:_____Cidade:_____Est.:_____

Tel. Res._____Tel. Com. _____Sexo: ☐ M ☐ F

Data de Nascimento: _____CPF:_____